国家出版基金项目
NATIONAL PUBLICATION FOUNDATION

国家通用手语常用情景会话

张珺　著

手语顾问：王育林　谭建亭
演　　示：焦育祎　曹　立　刘明坤
　　　　　王林林　侯明洋　金有伟
摄　　制：金有伟　梁　丰

山东大学出版社
SHANDONG UNIVERSITY PRESS
·济南·

图书在版编目（CIP）数据

国家通用手语常用情景会话 / 张珺著 . —济南：山东大学出版社，2021.5（2024.3 重印）

ISBN 978-7-5607-6843-4

Ⅰ. ①国… Ⅱ. ①张… Ⅲ. ①手势语－中国 Ⅳ. ① H126.3

中国版本图书馆 CIP 数据核字（2020）第 270358 号

策划编辑　唐　棣　杜永波
责任编辑　唐　棣
封面设计　王秋忆

国家通用手语常用情景会话
GUOJIA TONGYONG SHOUYU CHANGYONG QINGJING HUIHUA

出版发行　山东大学出版社
社　　址　山东省济南市山大南路 20 号
邮政编码　250100
发行热线　（0531）88363008
经　　销　新华书店
印　　刷　山东新华印务有限公司
规　　格　720 毫米 × 1000 毫米　1/16
　　　　　29 印张　402 千字
版　　次　2021 年 5 月第 1 版
印　　次　2024 年 3 月第 2 次印刷
定　　价　80.00 元

前　言

《国家通用手语常用情景会话》是为手语初学者编写的一本入门读物。该读物可供自学使用，也可作为培训教材，还可作为有一定手语基础的健听人和聋人规范使用手语的参考书。

手语是聋人表达思想、传递信息的重要交际工具。为了能和聋人无障碍地进行交流，残疾人工作者、窗口工作人员、扶残助残的志愿者以及热心残疾人事业的有识之士都希望学习一些手语，以更好地为聋人服务。这也是本书编写的主要目的。

手语和汉语、英语以及其他语种一样，是语言的一种。中国手语绝不是汉语的另一种表达形式。历年来，聋校教学、手语翻译多使用所谓的“文法手语”或“手势汉语”。这是因为没有把手语看成一种语言，也没有认真研究汉语和手语的不同。

本书共30课，近千个手语单词，三百多个手语句子。每个手语单词都配有照片及详细的动作说明，没有学过手语的人也能一看就懂，很容易学会。读者在学习手语单词的同时也能学习一些构词方法、规律及特点；学习手语句子时，也能学习一些手语的句法特点，从而更好地了解手语与汉语的不同。

在本书编写过程中得到了王育林（前济南市残联理事长）、谭建亭（前烟台市聋协主席）、芦苇、杨在申的帮助，在此特表示感谢。

由于编写时间仓促，本书仍存在诸多不足之处，恳请读者能提出宝贵意见，以使今后进一步修订和完善。

张珺

2021年4月

出版说明

1.本书中的手语词汇以《国家通用手语常用词表》为基础。

2.本书中的手语照片和所附视频尽量从观看者的角度呈现，少数需要展示手部精细动作的图片，用手势图呈现。

3.本书中用虚线箭头（- - →）表示动作轨迹，以流程箭头（➡）指示连贯动作的前后变化。

4.本书中由两个以上手势组成的复杂词汇，用①②③……区分各手势。

5.本书在讲解单词和句子的同时介绍了学习手语构词的方法、规律和特点及手语的语法特点，一改过去依附于汉语语序的手势打法，可以让读者从聋人的视角了解聋人文化及不同场景下常用手语的视觉语法特点。

6.由于手语中的面部表情、身体姿态、口部动作等非手控特征是手语的基本要素，不可或缺，故书中采用了真人演示图片。请读者在学习手语时注意演示者的非手控特征，以更好地理解汉语和手语语法的不同之处，摆脱手势汉语负迁移的影响，真正做到学以致用。

目录

第一课　欢迎

第二课　介绍

第三课　问候

第四课 家庭

第五课 致意 致谢

第六课 道歉 道别

第七课 赞美 批评

第十七课　就医（二）

第十八课　交通（一）

第十九课 交通（二）

第二十课 住宿

第二十一课 就餐

第二十五课　文化娱乐

第二十六课　体育运动

第二十七课　约会 提醒

第一课　欢迎

本节课学习有关“欢迎”方面的 11 个句子。

第一句：你好！

手语：一手伸食指，指向对方，再伸出拇指，就是“你好”。

手语是一种特殊的视觉语言，它与听觉语言相比，在组词、造句方面有独特的规律，以后会逐步学到。就拿“你好”这个简单的句子来说，朝对方打一个“好”就已包含了“你”的意思。所以在手语会话中“你”可以省略掉，只要向对方伸出拇指就是“你好”。

你

一手伸食指，指向对方。打“你”这个手势时，要注意掌心不要朝上或朝下。

好

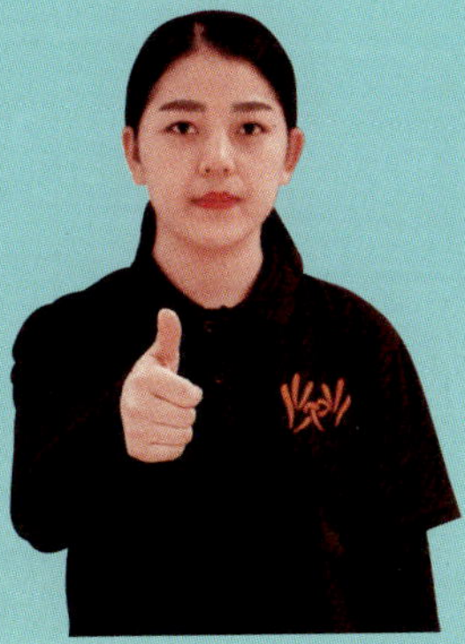

一手伸拇指。打“好”这个手势时，也要注意掌心不要朝上或朝下。

词汇拓展：

我

他（她、它）

第二句：大家好！

手语：大家＼好！

“大家好”的另一种手势打法：一手伸拇指，在胸前顺时针平行转半圈，就表示“大家好”。因为打“好”的同时，“在胸前顺时针平行转半圈”已表示了“大家”的意思。所以，“大家”可以省略。

大家

一手横伸，掌心朝下，在胸前顺时针平行转半圈。

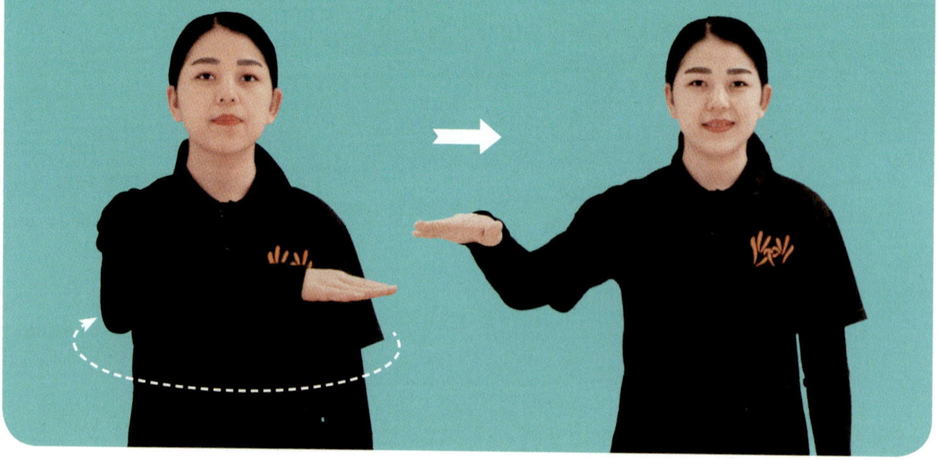

第三句：欢迎大家，请进。

手语：欢迎 \ 大家，\ 请进。

这一句话打手语的时候可以把“进”省略。就是在打“请”的时候双手指向“进”的方向即可。根据具体情况，双手可以指向右边，也可以指向左边或前方。

欢迎

双手掌心相对，置于头两侧，手腕微转几下，面带笑容。

大家

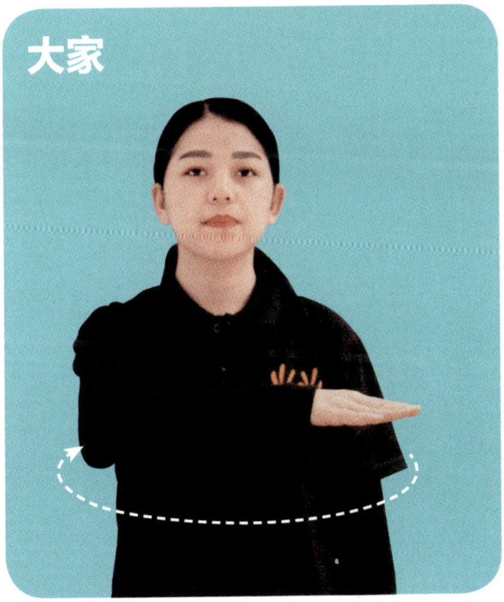

请进

双手平伸，掌心朝上，往一侧移动一下。

词汇拓展：进

左手平伸；右手伸拇指、小指，小指指尖抵于左手掌心上，并向前移动。在手语中，一般把一手伸拇指、小指表示人体。

“进”这个手势是右手向前移动，如果向后移动则表示“退”。

第四句：谢谢！

想一想：打完“谢谢”，加个什么动作就是“谢谢大家”呢？

——“谢谢＋大家”就是“谢谢大家”。

想一想：联系前面学的手语，“谢谢大家”还可以怎样打？

——一边不断地打“谢谢”，一边在胸前顺时针平行转半圈。

谢谢

一手伸拇指，弯曲两下。拇指表示一个人的头，“头”点两下表示谢谢。

第五句：请坐。

手语：打“请”的手势的同时指向座位，就是“请坐”的意思。

“请坐”的“请”和“请进”的“请”一样，也有方向性。不要指向没有座位的地方让别人去坐。

注意分辨“进”和“坐”的不同点：“进”是小指指尖抵于左手掌心上，“坐”是整个小指置于左手掌心上。

请

坐

左手横伸；右手伸拇指、小指，置于左手掌心上。

“坐”的另一种手势打法：一手伸拇指、小指表示人体，置于左手掌心上表示人坐着。

第六句：请喝茶。

手语：喝。

这一句只向对方打一个“喝”即可，“请”一般可以省略，“茶”也可以省略。因为对方已看到喝的是“茶”，所以没有必要再打出“茶”。

喝

一手五指虚握，如拿杯子状，然后移向嘴边，如喝水状。

词汇拓展：茶

左手五指并拢，指尖朝右上方，右手五指握住左手向上一捋。这个手势是“叶”“绿”的意思，在这里表示“茶（茶叶）”。

“茶”的另一种手势打法：左手五指虚握成半圆形，虎口朝上；右手拇、食、中指撮合，然后边朝左手半圆形移动边张开，如向杯中放茶叶状。

第七句：不要客气！

手语：客气 \ 不。

手语造句中通常将主题词和重点词提前。所以，“不要客气”的手语打成“客气 \ 不”。

客气

①双手掌心朝上，前后交替移动两下，面露和蔼谦恭的表情。
②一手打手指字母“Q”的指式，指尖置于鼻孔处。
“客气”的另一种手势打法是：双手平伸，掌心朝上，左右微动两下。

不要

①不：一手直立，掌心朝外，左右摆动两下。
②要：一手平伸，掌心朝上，由前向后移动一下。

第八句：很高兴认识你们。

手语：认识＼你们＼高兴。

认识

双手伸中指、食指并分开，指尖相对，从两侧向中间移动两下。

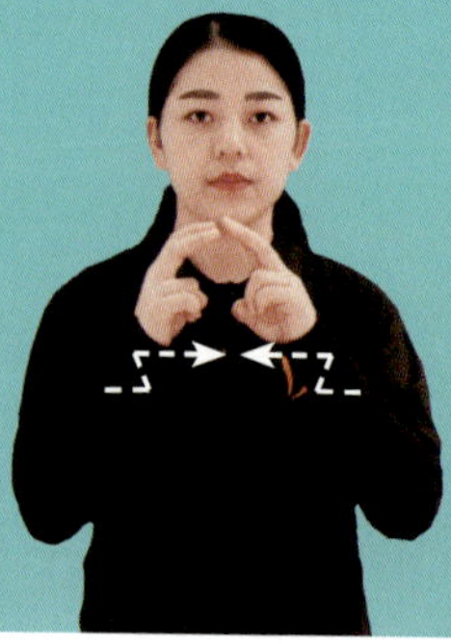

你们

①你：一手伸食指并指向对方。
②们：一手横伸，掌心朝下，在胸前顺时针平行转半圈。“们”与“大家”的打法相同。

1

2

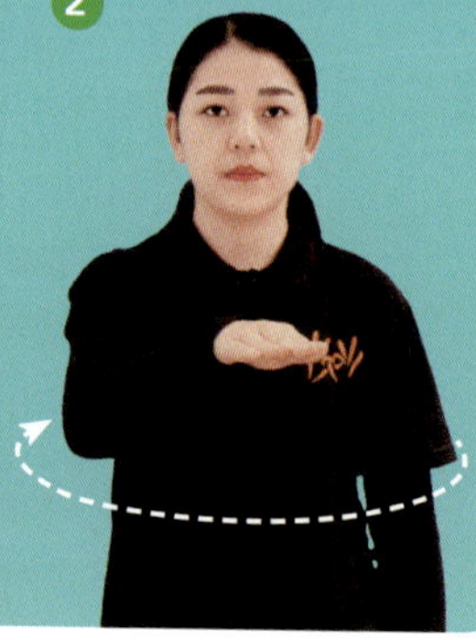

高兴

双手横伸，掌心朝上，在胸前同时向上移动两下。

词汇拓展：很

一手食指横伸，掌心朝上，拇指指尖抵于食指根部，然后向下一顿。

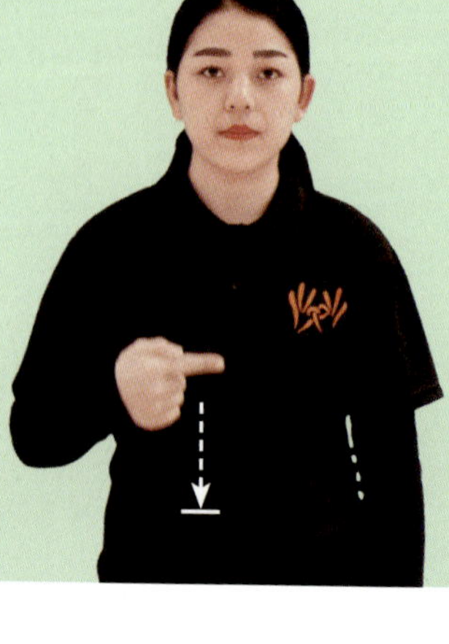

第九句：他们都是聋人吗？

手语：聋人 \ 他们 \ 是？

口语的疑问句是用疑问的语气表示，而手语表达疑问句则是用疑问的表情和显示口型的方式。疑问句中的“吗”这个语气助词要用口语“吗”的口型和疑问的表情来表示。不要用书空“ ？ ”来表示。“问题”“问号”的手势是用右手食指书空“ ？ ”表示。

聋人

①聋：一手伸小指或食指，从耳部划向嘴角。
②人：双手食指搭成“人”字形。

他们

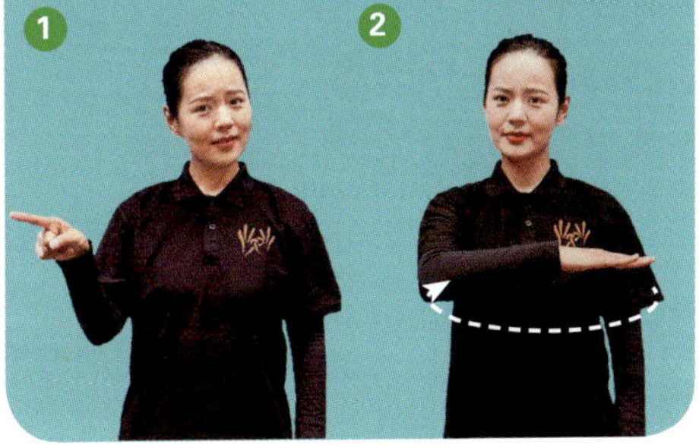

是

一手中指、食指相叠，指尖朝前上方，并向下一顿。因为“十”与“是”谐音，所以用“十”表示“是”。

词汇拓展：都

双手五指微曲，手背朝上，然后向下做弧形移动，手腕靠拢。

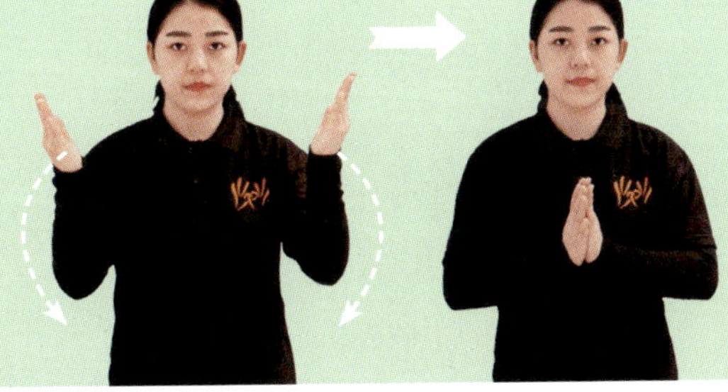

第十句：手语翻译是健听人。

手语：手语翻译 \ 健听人。

手语

双手直立，五指微曲并分开，上下交替移动两下。

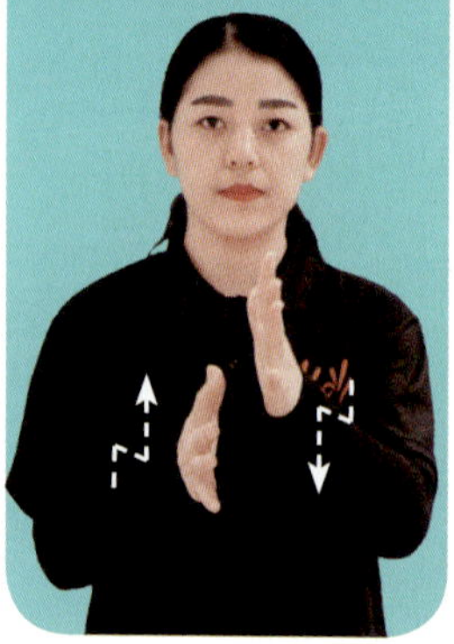

翻译

一手食指、中指直立并分开，指背先贴于嘴部，再反转为朝外。

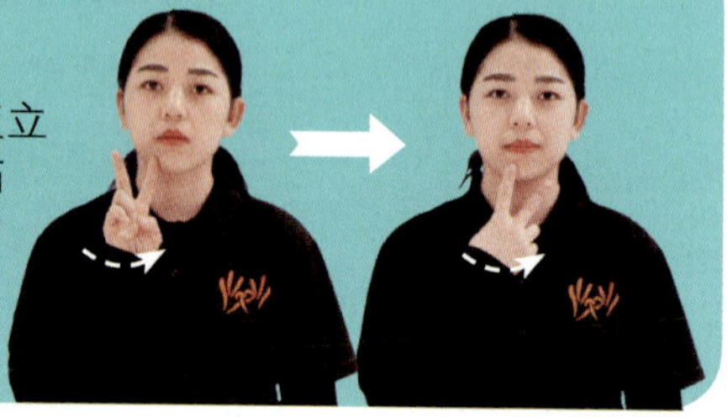

健听

一手伸拇指，从耳部划向嘴角。

第十一句：旅途很顺利。

手语：旅途 \ 顺利。

旅途

①旅：左手握拳，手背朝上；右手伸拇指、小指，在左手背上随意点几下。
②途：双手侧立，掌心相对，同时向前移动一下。

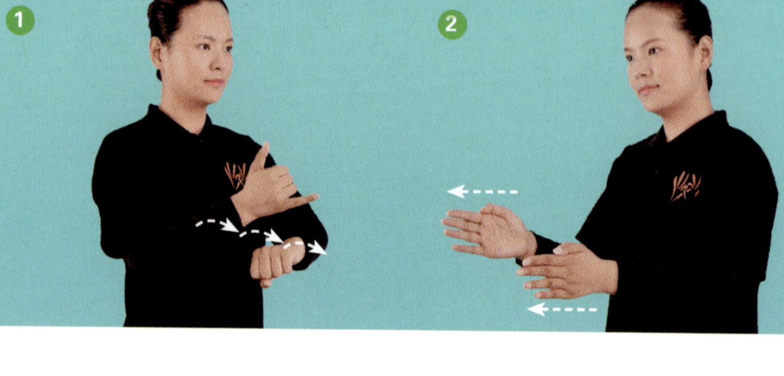

顺利

右手伸直，掌心向左，五指张开，边向前转腕边食指、中指、无名指、小指握拳，拇指尖朝上。

知识链接

1. 什么是手语？

手语是用双手的不同动作配合表情和姿势按照一定的语法规则来表达意思的特殊语言，是聋人表达思想、进行交际的主要工具，也是聋人进行思考的工具。

2. 手语是一种语言吗？

手语是语言的一种。世界上的各种语言都具备语音、词汇和语法这三要素。手语也不例外，其三要素就是语形、手势和语法。

第二课　介绍

本节课学习有关“介绍”方面的 12 个句子。

第一句：你叫什么名字？

手语：名字 \ 什么？

这一句和“你好”的打法道理相同，只要朝对方打“名字”一个手势即可。“？”用疑问的表情来表示。

名字

左手中指、无名指、小指横伸，右手食指指尖自左手中指指尖向下划动。

什么？

一手伸食指，指向前上方，掌心朝下，并左右晃动几下。

第二句：我叫王军。

手语：王军。

这一句只打“王军”即可，“我叫”可省略。这是回答别人问你的名字时的打法。如果是自我介绍，应该打“我 \ 名字 \ 王军”。

我

一手食指指向自己。

名字

王

左手中指、无名指、小指与右手食指搭成“王”字形。

军

右手横伸，掌心朝下，贴于前额。

第三句：你多大了？

手语：年龄？

这一句的手语只打“年龄？”即可，“你”和“了”可以省略。

多大（年龄）

左手抱拳，拳背朝外；右手直立，掌心贴于左手背，手指交替抖动。

“多大（年龄）”的另一种打法

①双手抱拳，上下微动一下。
②一手直立，掌心朝内，五指分开，手指交替抖动几下。

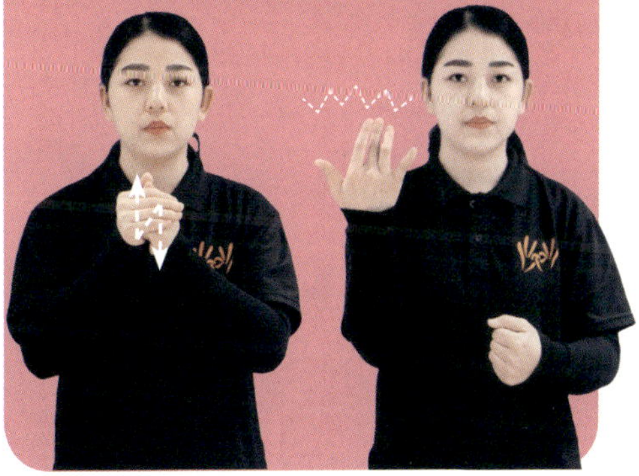

第四句：我 26 岁。

手语：26。

这句话的手语只打“26”即可，“我”和“岁”可省略。

二十

一手伸食指直立分开，掌心向外，弯动两下。

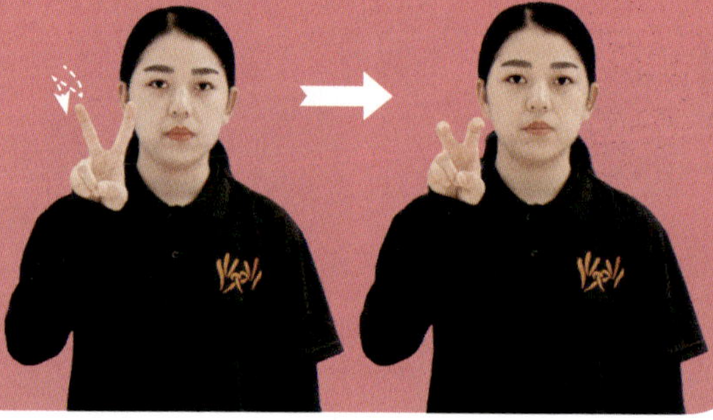

六

第五句：你在哪个单位工作？

手语：工作 \ 哪？

一手伸食指，指向前上方，并左右摆动，是“什么、哪里（哪个）、谁”的意思，三个词的手势打法一样，这叫“一词多义”。

工作

①左手食指、中指与右手食指搭成“工”字形。
②双手握拳，一上一下，上拳砸一下下拳。
“工作”的另一种打法：双手握拳，一上一下，上拳向下砸两下下拳。

哪？

一手伸食指，指向前上方，并左右摆动。

词汇拓展：

在

左手横伸；右手伸拇指、小指，由上而下移至左手掌心上。

单位

左手横伸，掌心朝下；右手直立，掌心朝左，指尖抵于左手掌心转动。

第六句：我在一家电脑公司工作。

手语：电脑 \ 公司。

电脑（计算机）

①双手五指弯曲，指尖朝下，交替点动几下，如敲击计算机键盘状。
②双手五指弯曲，食指、中指、无名指、小指关节交错相触，向下转动一下。

①

②
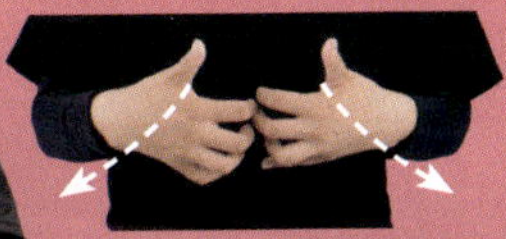

公司

①双手拇指、食指搭成“公”字形。
②一手打手指字母“S”的指式。

①

②

词汇拓展：一家

①一：一手伸食指，指尖朝上，手背向外或向内。
②家：双手搭成“∧”形。

①

②

第七句：这位是我的领导，也是我的朋友。

手语：这＼我＼领导，＼朋友。

“这”一般要指向所要指的具体人或物，这里要指向领导本人。

这

一手伸食指，指尖指向领导本人。

我

领导

一手伸拇指、食指、中指，食指、中指直立并拢，拇指尖抵于前额。

朋友

双手伸拇指，虎口朝上，互碰两下。

词汇拓展：

也

一手伸拇指、小指，拇指尖朝内，手背朝上，向前移动一下。

是

第八句：你上班是乘公共汽车还是骑自行车？

手语：上班＼公共汽车＼自行车？

在手语中，名词同该名词与动词组成的动宾词组往往用同一个手势表示。如“乘公共汽车”与“公共汽车”，“骑自行车”与“自行车”用同一个手势表示。

上班

①上：一手伸食指向上指。
②班：双手握拳，一上一下，上拳向下砸两下下拳。

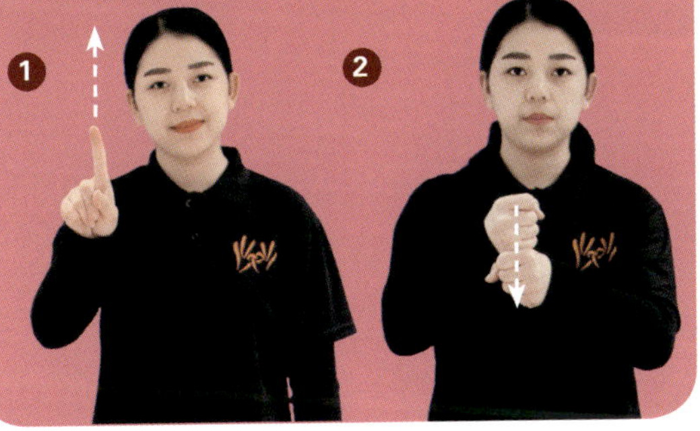

乘公共汽车（公共汽车）

一手虚握上举，虎口朝内，向前移动一下。如握公交车上方把手状。

骑自行车（自行车）

双手虚握，手背朝上，在胸前交替向前转圈。

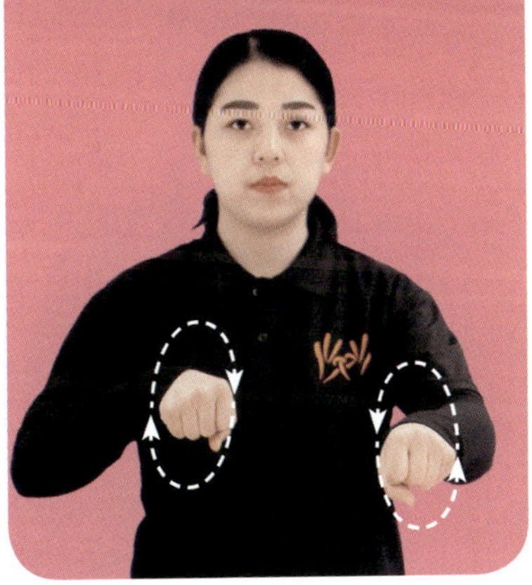

词汇拓展：

还、又、再

右手拇指、食指、中指相捏，手背朝外，边向左侧移动边伸出食指、中指。

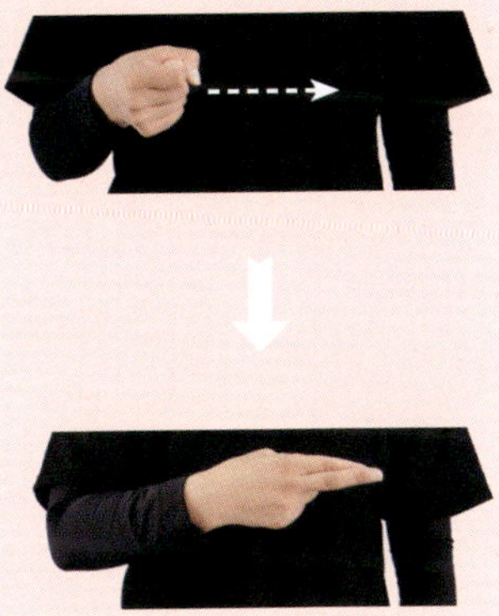

第九句：我骑自行车上班。

手语：自行车。

自行车

第十句：你的手机号是多少？

手语：手机＼号＼多少？

手机

一手虚握，伸拇指、小指，贴于耳旁，如持手机通话状。

号

左手拇指、食指成“コ”形，虎口朝内；右手直立，手背朝外，五指张开，在左手“コ”形内边从左向右移动边连续点动手指。

多少（几）？

一手直立，掌心朝内，五指分开，手指交替抖动几下。

第十一句：这是我的名片，名片上有我的手机号和微信号。

手语：名片＼我，＼手机号＼微信号＼有。

名片

①名：同“名字”手势。
②片：双手拇指、食指张开，指尖相对，虎口朝上，搭成一个长方形。

我

手机号

微信号

①一手打手指字母“W”的指式。
②左手拇指和其余四指成“匚”形，虎口朝上；右手五指并拢插入左手虎口内。
③号。

1

2

3

有

一手伸拇指、食指，掌心朝上，然后食指弯动两下。
“有”的另一种打法：一手伸食指，指一指上衣右边的口袋处。

第十二句：希望常发短信或微信联系。

手语：短信\微信\常\联系。

短信（发短信）

左手平伸；右手食指指尖朝下，从左手掌心上向外划出。

微信

1

2

常

一手食指、中指直立伸直，掌心朝外，在太阳穴处碰两下。

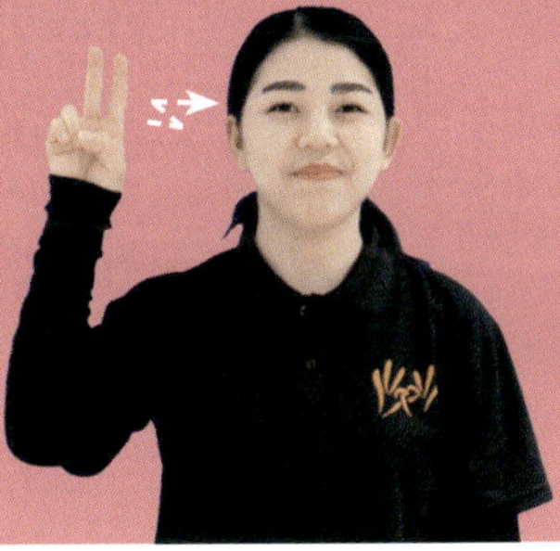

联系

双手拇指、食指套环，左右移动两下。

词汇拓展：

希望

一手打手指字母“X”的指式，从太阳穴处向外移动一下。

或（或者）

双手食指直立，手腕前后交替转动两下。

“或”的另一种打法：一手打手指字母“H”的指式，手腕向左转动半圈。

知识链接

1. 注意分辨“坐、在、乘”三个手势的相同点和不同点

坐（座位、位置）：左手横伸；右手伸拇指、小指置于左手掌心上。

在：左手横伸；右手伸拇指、小指由上而下移至左手掌心上。

乘（乘坐）：左手横伸；右手伸拇指、小指置于左手掌心上，双手向右移动一下。

2. 手指语配合

有些用手势不易表达的汉语词语，往往用手指语配合。主要有以下几种形式：第一种是以手指字母的读音表示同音的汉字，如本课中出现的“D、S”分别表示“的、司”；第二种是以汉字的声母（字头）来表示该汉字，如本课中的“微”，是以“wei”的声母（字头）“W”表示；第三种是字头加个辅助动作，如本课中的“或”，是打手指字母“H”再加个手腕向左转动半圈的辅助动作；第四种是先打字头，然后在身体的某个部位加个辅助动作，如本课中的“希望”，是打字头“X”，再加个从太阳穴处向外移动一下的动作。再一种形式就是“字母加手势”，以后会学到。在手指语配合方面，要注意非约定俗成的手指语不要在手势语中滥用。

3. 词语省略

从第一课和第二课这两课学的手语句子中，大家会发现：与汉语句子相比，有些手语句子会省略一些词语。“省略”是手语句法的一个特点。在今后学习中会逐步学到这些规则。

第三课　问候

本课学习有关“问候”方面的 10 个句子。

第一句：好久不见了，很想念你。

手语：见 \ 没有，想 \ 你。

本句中“好久”省略，在打“没有”的时候从左到右的运动幅度要稍大一些，通过手势运动幅度和表情让对方感受到“好久没有”的意思。

见

双手伸中指、食指微曲，指尖相对，从两侧向中间移动一下。

没有

一手（或双手）五指捏成圆形，虎口朝内，左右晃动几下。

想

一手伸食指，指尖抵于太阳穴处转动两下。

你

词汇拓展：好久

左手侧立；右手伸拇指、食指，拇指指尖抵于左手掌心向右移动一下。

第二句：你近来好吗？

手语：好吗？

打手语“好”的同时朝向对方，“你”可以省略，下同。

好吗？

一手伸拇指，同时表现出疑问的表情和“吗”的口型。

词汇拓展：近来

①近：双手拇指、食指相捏，虎口朝上，相互靠近。
②来：一手掌心朝下，向内挥动一下。

第三句：工作顺利吗？

手语：工作 \ 顺利吗？

第四句：生活怎么样？

手语：生活 \ 怎么样？（日子过得 \ 怎么样？）

生活

双手拇指、食指弯曲成大圆形，虎口朝内，从右下方向头上方移动两下。

怎么样？

①双手伸拇指、食指置于脸颊两侧，上下交替动两下。
②双手平伸，掌心朝上，由中间向两侧移动一下。

第五句：身体好吗？

手语：身体＼好吗？

身体

双手掌心向内，贴于胸部，向下移动一下。

好吗？

第六句：你父母好吗？

手语：你＼父母＼好吗？

你

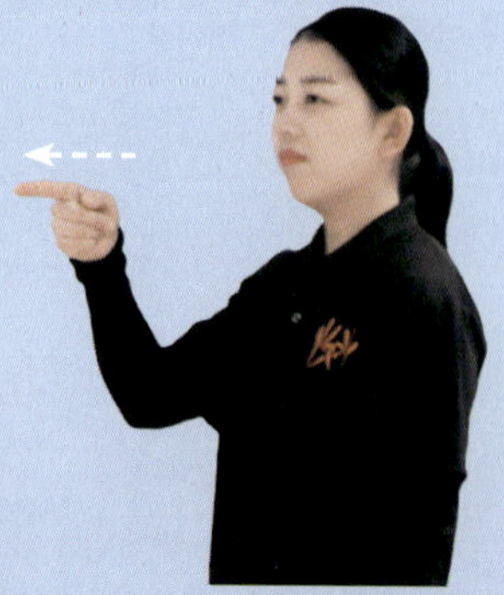

父（爸爸）

右手伸拇指，指尖左侧贴在嘴唇上。

母（妈妈）

右手食指直立，指尖左侧贴在嘴唇上。

好吗？

第七句：请代我向你父母问好。

手语：代 \ 问 \ 父母 \ 好。

代

双手伸食指，手腕交叉相贴，然后前后转动，食指互换位置。

问

一手五指微曲，掌心朝外，从嘴前向外微动两下。

父（爸爸）

母（妈妈）

好

词汇拓展：向

双手直立，掌心相对，向前移动一下。

第八句：你妻子和孩子都好吗？

手语：你 \ 妻子 \ 孩子 \ 都 \ 好吗？

对话时，“妻子”的手势中可以把“右手拇指、食指捏一下耳垂”省略。

“都好（全好）”也可以打成：右手伸拇指，在胸前做水平弧形移动。

妻子

双手伸拇指，虎口朝上，指尖相对，弯曲两下；右手拇指、食指捏一下耳垂。

孩子（子女、儿童）

一手平伸，掌心朝下，向下一按。

都

好吗？

第九句：以后有事就来找我。

手语：以后＼有事＼来＼找我。

有事：左手虚握，掌心朝下；右手食指、中指相叠，在左腕上轻轻敲两下。也可打成“有＋事”。

以后

一手直立，掌心向外，向前挥动一下。

有

事

左手握拳，虎口朝上；右手伸拇指、食指，食指指尖朝左，向下砸一下左拳。

找

两手食指、中指分开，指尖朝前，在眼前由左侧向右侧转动两下。

我

第十句：你有时间就来我家做客。

手语：时间 \ 有 \ 来 \ 我家 \ 玩。

时间

左手侧立；右手伸拇指、食指，拇指指尖抵于左手掌心，食指向下转动。

有

来

我

家

玩

双手伸拇指、小指，顺时针平行交替转动几下。

知识链接

“是”“事”与“十”谐音，可以用“十”表示。这类手势叫“表音式”手势，也叫“同音假借”。根据这一构词方法，“意义”“意思”“义务”可分别用“一一”“一四”“一五”表示，注意手要横伸。因聋人听不到声音，“表音式”手势多源自健听人，在聋人中约定俗成后流行，因此，没有约定俗成的不能随意滥用。如“异议”“疑似”“异物”就不能用“一一”“一四”“一五”表示，而是要用另外的打法。

聋人相互问候和打招呼的方式和习惯与健听人有所不同。聋人路遇熟人只是招手和打“你好！”的手势（就是向对方打“好！”的手势）。聋人一般不习惯用健听人习惯说的“早上好”“下午好”“晚上好”等问候语。这些健听人常用的问候语，聋人一般只用于书面语中。

第四课　家庭

本课学习有关“家庭”方面的 12 个句子。

第一句：你家有几口人？

手语：你＼家＼人＼几？

手语中有把“重点词提前”和“量词省略”的现象。所以，“几口人？”可以打成“人＼几？”。

你

家

人

几（多少）？

一手直立，掌心向内，五指分开，手指交替抖动几下。

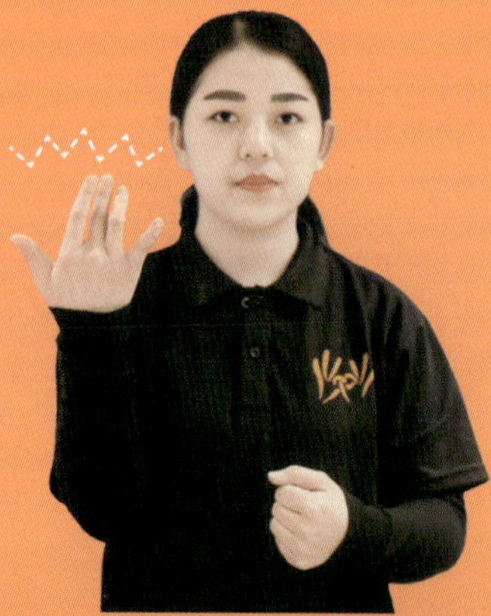

第二句：我家有五口人。

手语：五。\ 爸爸 \ 妈妈 \ 哥哥 \ 姐姐 \ 我。

五

爸爸

妈妈

哥哥

一手伸中指，指尖内侧贴于嘴唇，然后手掌直立，五指并拢，在头一侧前后移动两下。

姐姐

一手伸中指，指尖内侧贴于嘴唇，然后拇指、食指捏耳垂。

我

第三句：我没有弟弟、妹妹。

手语：弟弟＼妹妹＼我＼没有。

弟弟

一手伸小指，指尖内侧贴于嘴唇，然后手掌直立，五指并拢，在头一侧前后移动两下。

妹妹

一手伸小指，指尖内侧贴于嘴唇，然后拇指、食指捏耳垂。

我

没有

第四句：你父母做什么工作？

手语：父母＼工作＼什么？

第五句：我爸爸、妈妈都是退休工人。

手语：爸爸＼妈妈＼退休＼工人＼是。

退休

①退：左手平伸；右手伸拇指、小指置于左手掌心，然后向后移动一下。
②休：双手交叉，贴于胸部。

1

2

工人

①工：左手食指、中指与右手食指搭成“工”字形。
②人：双手食指搭成“人”字形。

1

2

是

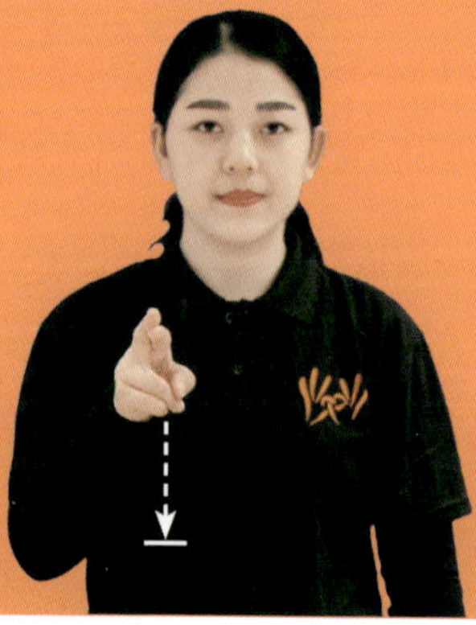

第六句：你的孩子多大了？

手语：你＼孩子＼多大（年龄）？

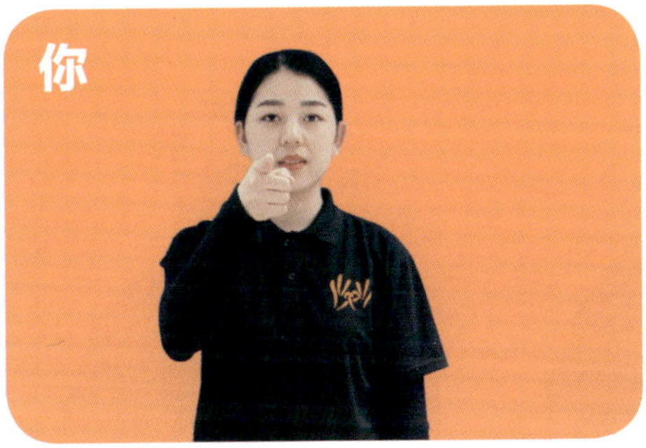

第七句：是男孩还是女孩？

手语：男？＼女？

第八句：你和父母在一起生活，还是独立生活？

手语：你＼父母＼生活＼一起？＼独立？

你

爸爸

妈妈

生活

一起？

双手五指微曲，手背朝上，然后向下做弧形移动，手腕靠拢。

独立？

①独：一手食指直立，贴于胸部，然后向上微动一下。
②立：左手横伸；右手食指、中指分开，指尖朝下，立于左手掌心上。

第九句：你的妻子叫什么名字？在哪里工作？

手语：妻子＼名字＼什么？＼工作＼哪里？

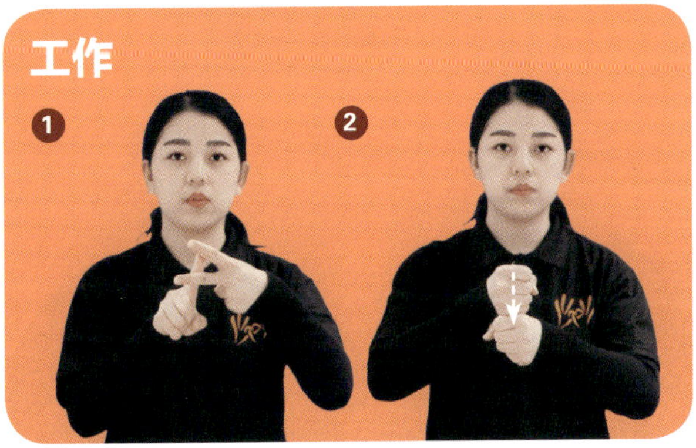

第十句：你家住在哪里？

手语：你＼家＼哪里？

你

家

哪里？

词汇拓展：住

一手掌心贴于头侧，头微倾。

第十一句：去你家乘几路公共汽车比较方便？

手语：去＼你家＼公共汽车＼几路？

去

一手伸拇指、小指，指尖朝前，由内向外移动。

你

家

公共汽车

几路？

第十二句：乘地铁比较方便。

手语：地铁 \ 方便。

地铁

左手平伸，掌心朝下；右手食指、中指弯曲如钩，手背朝上，在左手掌心下向前移动。

方便

一手拇指、食指相捏，手背朝下，上下动两下。

知识链接

手语中，同义词、近义词往往用同一个手势表示，叫“同义兼代”，如“路、道、道路、途”“都、全、完全、全部”等。

第五课　致意 致谢

本课学习有关“致意”“致谢”方面的12个句子。

第一句：祝你生日快乐！

手语：祝＼生日＼快乐！

祝

双手抱拳，上下微动一下。

生日

左手伸拇指，手背朝外；右手伸食指，手背抵于左手下方，食指转动两下。

快乐

双手横伸，掌心朝上，在胸前同时向上移动两下。

第二句：新年好！

手语：新年＼好！

新

左手横伸，掌心朝下；右手伸出拇指，在左手背上从左向右滑出。

年

左手握拳，虎口朝上，手背朝外；右手食指横伸，从左手食指骨节处向下一划。

好

第三句：春节好！

手语：春节＼好！

“新年好！”“春节好！”都可打成“双手抱拳，向前晃动两下＋好”。

春节

①左手握拳，手背朝上；右手食指在左手食指根部点一下。
②双手抱拳向前晃动两下。

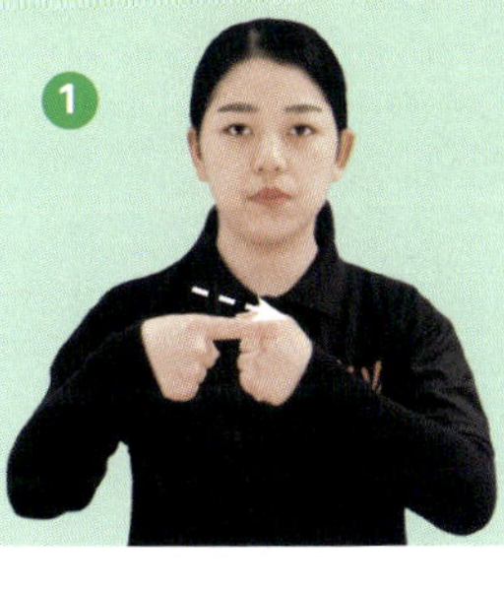

好

第四句：给你拜年啦！

手语：（朝向对方）拜年！

拜年

双手抱拳，上下微动两下。

第五句：国庆节、中秋节快乐！

手语：国庆节 \ 中秋节 \ 快乐！

国庆节

①一手打手指字母“G”的指式，并顺时针平行转一圈。
②双手抱拳，向前晃动一下。
③一手打手指字母“J”的指式，置于前额。

中秋节

①左手伸拇指、食指，手背朝外在上，即数字“八”的手势；右手食指、中指相叠，然后五指张开在下，即数字“十五”的手势，表示农历八月十五。
②一手打手指字母“J”的指式，置于前额。

快乐

第六句：祝你龙年大吉，阖家幸福！

手语：祝＼龙年＼好，＼全家＼幸福！

“大吉”可用“好”表示。

祝

龙

双手拇、食指相捏，从鼻下两侧向斜前方拉动。

年

好

全家

幸福

一手打手指字母“X”的指式，贴于胸部转一圈。

第七句：祝你身体健康！

手语：祝＼健康！

祝

健康

双手贴于胸部，边向下移动边伸出拇指，并向下一顿。

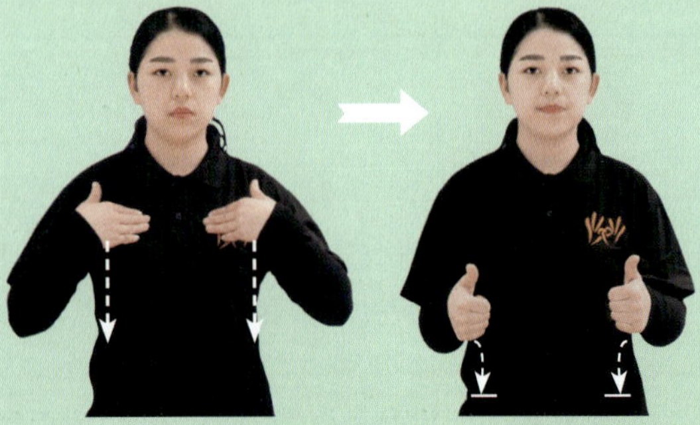

第八句：祝你工作顺利！

手语：祝＼工作＼顺利！

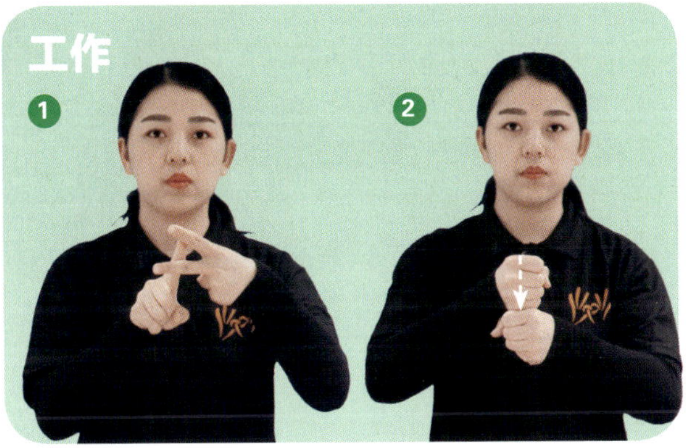

第九句：祝你学习进步！

手语：祝＼学习＼进步！

进步

一手拇指、食指相捏，边向前上方移动边张开两指。

第十句：你辛苦了!

手语：你＼辛苦!

你

辛苦（苦、疼、痛、痛苦）

①一手握拳敲打另一侧臂部，脸现倦容，表示劳累之意。
②一手拇指、食指相捏，置于嘴边，脸呈苦味状。

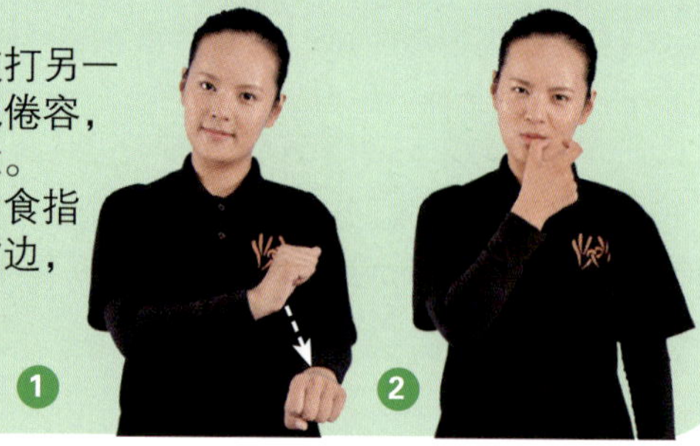

第十一句：十分感谢你!

手语：很＼感谢!

十分（很）

一手食指横伸，拇指尖抵于食指根部，然后向下一顿。

感谢

一手伸出拇指，弯曲两下。

第十二句：谢谢你对我的支持和帮助！

手语：支持、帮助（朝向自己），\ 谢谢（朝向对方）！

支持

左手伸拇指；右手平伸，五指并拢，掌心朝下，指尖抵于左手拇指背，向后滑一下。

帮助

双手斜伸，掌心朝内，按动两下。

谢谢

知识链接

汉语中的趋向性动词在手语中有些是有方向性的，所以这类词语的手势也叫“方向性手势”。打这类手势时，方向改变，意思也改变。如“支持”，朝向自己，就是“你支持我”；朝向对方，就成了“我支持你”。

汉语的并列式合成词中，有些并列的词素意思相同或相近，这类词和构成这类词的两个词素，手势的打法很多是一样的，如“拜、年、拜年”“祝、贺、祝贺”等。

附：十二属相的打法

鼠

左手平伸；右手五指撮合成尖形，掌心朝下，置于左手掌心上，向前做快速曲线运动。

牛

一手伸拇指、小指，拇指指尖抵于太阳穴处，小指指尖朝前，仿牛角状。

虎

①双手搭成“王”字置于前额，仿虎额上的花纹。
②双手五指弯曲如兽爪，一前一后向前伸出。

兔

一手伸食指、中指，掌心朝前，虎口贴于太阳穴处，食指、中指向前弯动两下。

龙

双手拇指、食指相捏，从鼻下两侧向斜前方拉动，象征龙的两条长须。

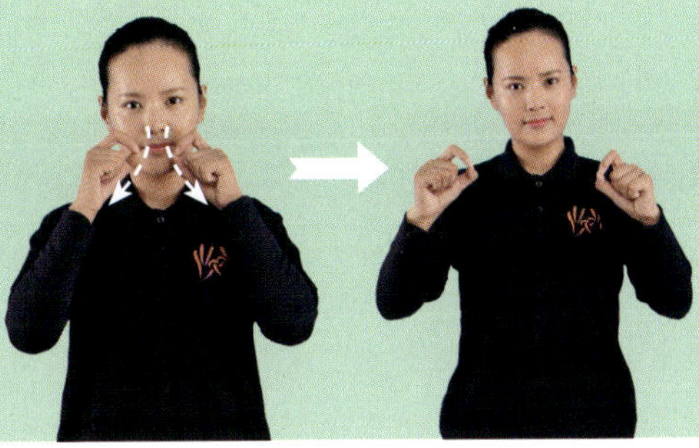

蛇

一手掌心朝下，腕部置于嘴前，伸出食指、中指并分开，指尖朝前，交替点动几下。

马

一手伸食指、中指直立，置于太阳穴处，前后挥动两下。

羊

一手食指弯曲如钩，置于太阳穴处，仿绵羊头上弯曲的角。

猴

一手手腕反转，掌心朝下，五指并拢弯曲，小指边沿贴于前额，仿猴的动作。

鸡

一手拇指、食指捏成尖形，手背贴于嘴部，指尖开合几下，仿鸡的嘴。

狗

双手五指弯曲，指尖朝下，左右晃动两下，仿狗站立时抬起的前腿。

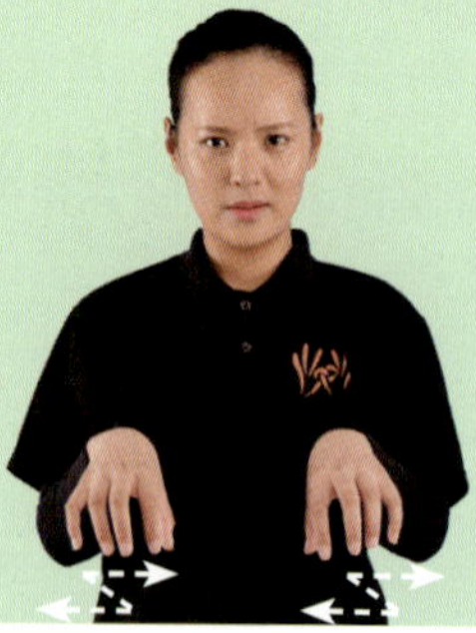

猪

一手掌心朝下，拇指指尖抵于太阳穴处，其他四指扇动几下，仿猪的大耳朵。

第六课　道歉 道别

本课学习有关“道歉”“道别”方面的 10 个句子。

第一句：很抱歉，我来晚了。

手语：抱歉＼来＼晚。

抱歉

一手五指并拢，贴于额际，如军人行礼状，然后伸小指，向胸部点几下。

来

晚

左手侧立；右手平伸，拇指指尖抵于左手掌心，其余四指并拢向下转动一下。

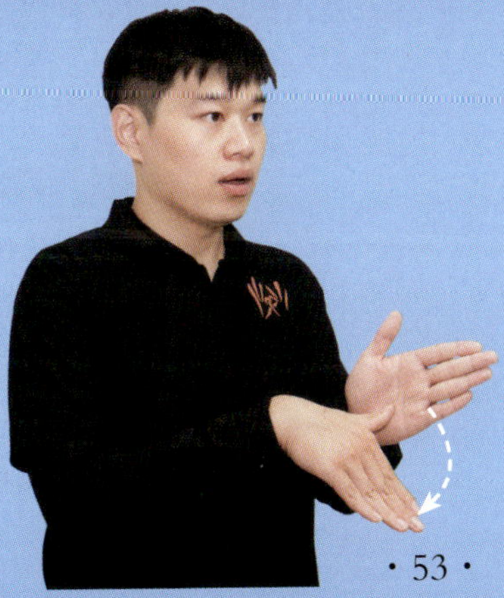

第二句：对不起，请你原谅。

手语：对不起，\ 原谅。

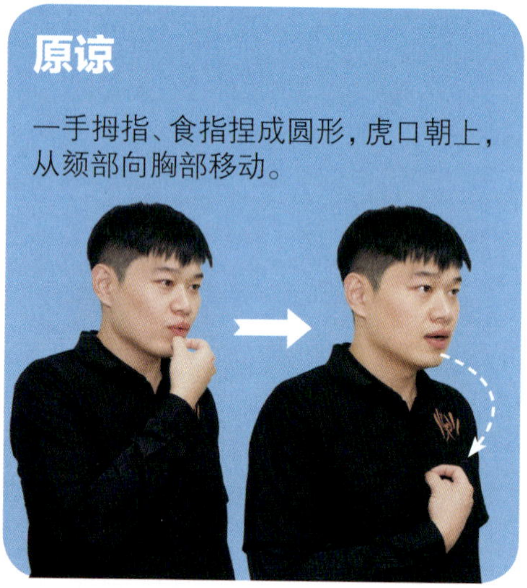

第三句：没关系。

手语：没关系。

“关系”和“没关系”的打法区别：双手拇指、食指互相套环是“关系”，套环放开是“没关系”。不要把“没关系”打成“没有 + 关系”。

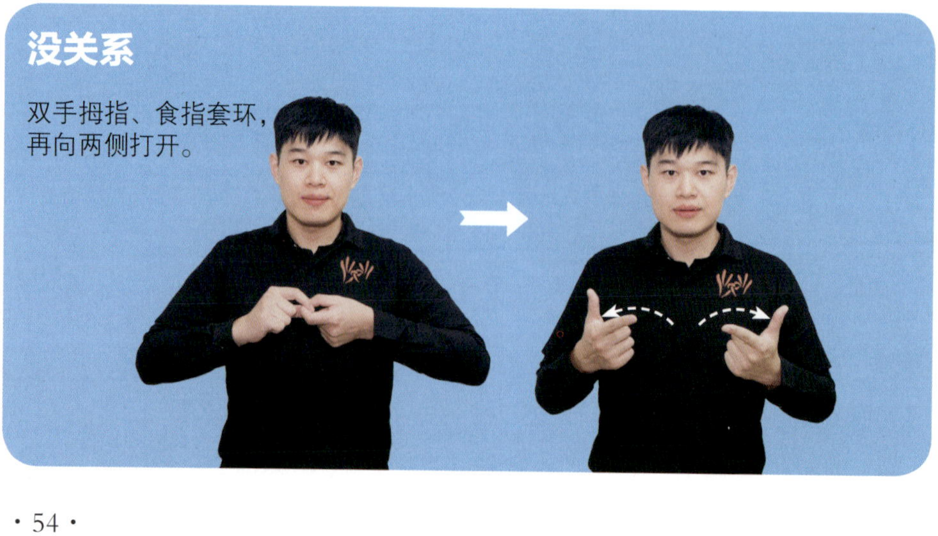

第四句：给你添麻烦了。

手语：麻烦 \ 你。

麻烦

一手五指微曲分开，指尖在鼻部点动两下。

你

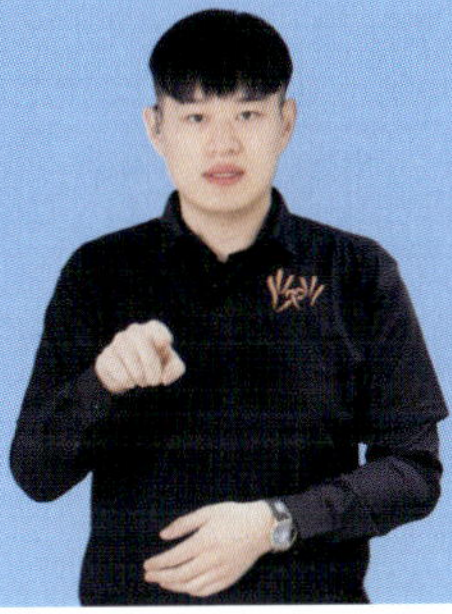

词汇拓展：给

两手五指虚握，掌心向上，向外伸出，张开手掌，如同把物品还给别人。

添

左手侧立；右手拇指、食指捏成圆形，虎口贴向左手掌心。第四课已讲过同义词兼代。这句中的“添”以及“增加”“补”和填空的“填”打法一样。

第五句：我走了，再见！

手语：我 \ 走，\ 再见。

我

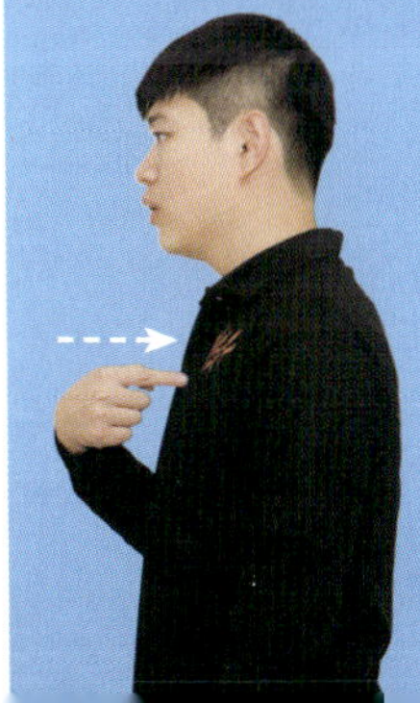

走

一手食指、中指分开，指尖朝下，交替向前移动。

再见

一手上举，掌心向外，左右摆动几下，面带笑容。

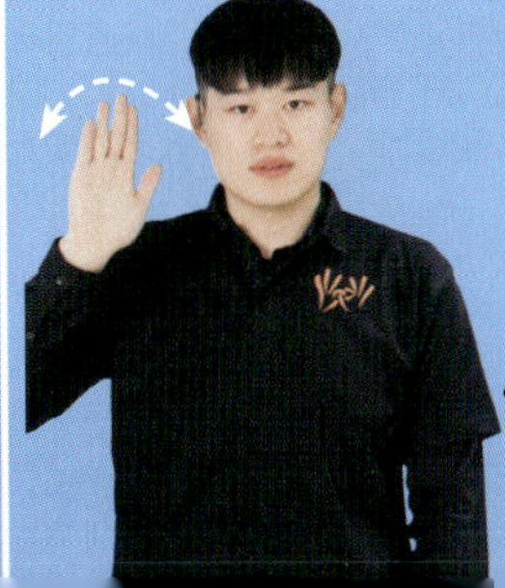

第六句：以后常来聊天。

手语：以后 \ 常 \ 来 \ 聊天。

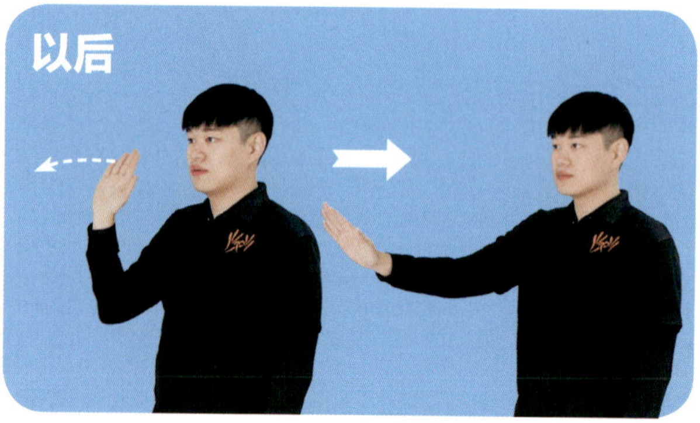

第七句：请慢走，路上注意安全。

手语：慢 \ 走，\ 注意 \ 安全。

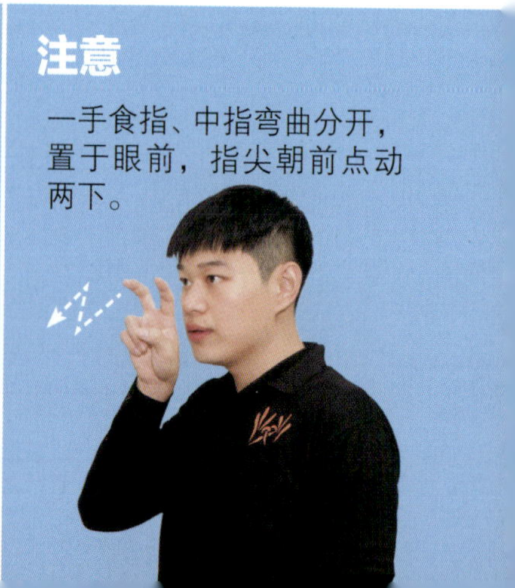

安全

①安：一手横伸，掌心朝下，自胸部向下一按。
②全：一手伸出拇指，顺时针平行转一圈。

第八句：不远送了，再见！

手语：送 \ 远 \ 不。

送

左手平伸；右手伸拇指，置于左手掌心上，双手同时向前移动。
这是指“送客、送别”的“送”。如果是“赠送”的“送”，打法是：双手平伸，掌心朝上，同时向前伸出。

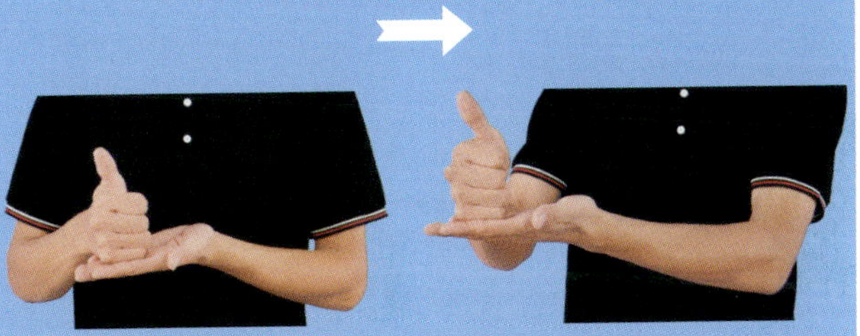

远

一手拇指按于食指根部，食指尖朝前，向前上方移动。

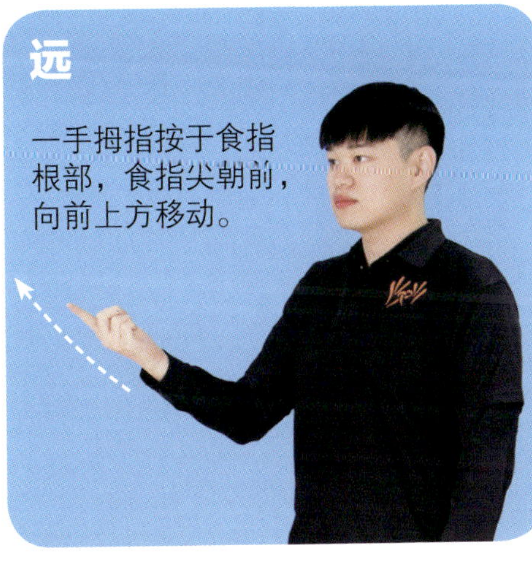

不

第九句：明天见！

手语：明天 \ 见！

明天

一手食指指尖贴于太阳穴处，头微偏；然后食指离开，头部转正，表示睡过了一天。

见

双手食指、中指微曲，指尖相对，从两侧向中间移动。

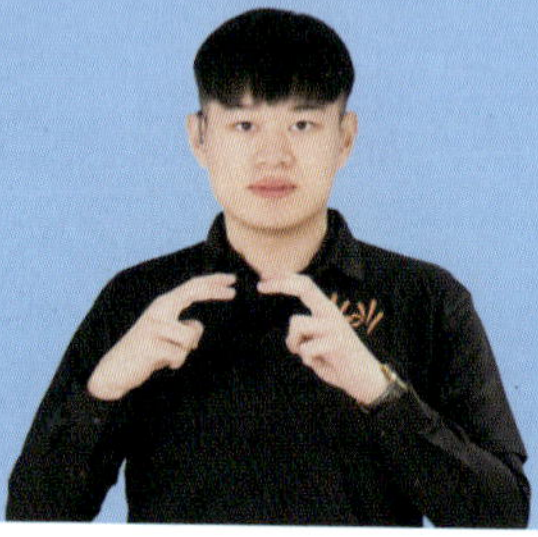

第十句：晚安！

手语：晚安！

“来晚了”的“晚”和“晚安”的“晚”手势打法不同，应注意分辨。

晚安

①晚：右手直立，拇指张开，置于眼前，其他四指向下弯动与拇指捏合。
②安：一手横伸，掌心朝下，自胸部向下一按。

第七课　赞美 批评

本课学习有关“赞美”“批评”方面的 10 个句子。

第一句：你真棒!

手语：棒!

称赞别人能力强、水平高、成绩好时一般说“真棒”“很棒”。在手语中只打“棒”的手势，“真”“很”等表示程度的副词一般是配合表情和动作的变化来表达。所以“你真棒”只打个“棒”就可以，“你”也可以省略。

棒

一手伸拇指，用力向前下方一顿。

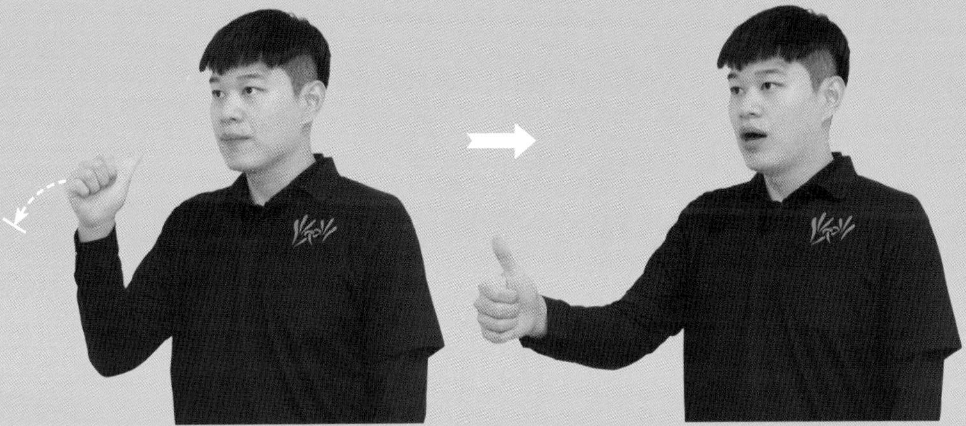

第二句：你的手语打得很好。

手语：手语＼好（棒）。

对着被称赞的人就有了“你”的含义。“好”的程度副词“很”可用表情和动作表达。

打：一手握拳，向前下方挥动一下。

得：一手打手指字母“D”的指式。“的、得、地”这三个结构助词手势的打法一样，在手语中一般都省略。

手语

好（棒）

第三句：他的意见很正确，我同意。

手语：他＼意见＼正确，＼我＼同意。

他

意见

一手打手指字母“K”的指式，中指指尖朝左，从嘴部向前移出。

正确

“正确”的手势打法同“好”。

我

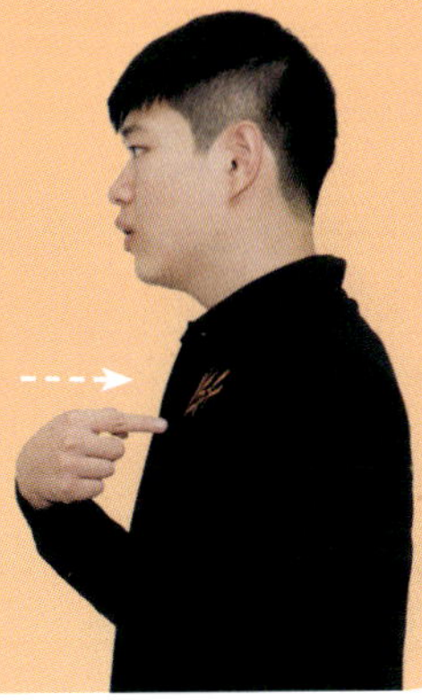

同意

双手食指横伸，指尖相对，从两侧向中间交错移动。

第四句：他很聪明。他的书法和绘画水平都很高。

手语：他＼聪明。＼书法＼绘画＼水平＼高。

他

聪明

一手五指撮合，指尖对着前额，然后张开。

书法

一手如执毛笔写字状。

绘画

左手横伸，掌心朝上；右手五指撮合，指背在左手掌心上抹两下，如绘画动作。“美术、画画、图画、图、画”等也是这样打。

水平

①水：一手食指指一下嘴唇。
②平：左手横伸；右手平伸，掌心朝下，从左手背上向右移动一下。

高

一手横伸，掌心朝下，向上举过头顶。

第五句：他和同事俩的关系很好。

手语：他 \ 同事 \ 俩 \ 关系 \ 好。

他

同事

①同：一手中指、食指横伸并分开，手背朝上，向前移动一下。
②事：双手握拳，一上一下，上拳砸一下下拳。

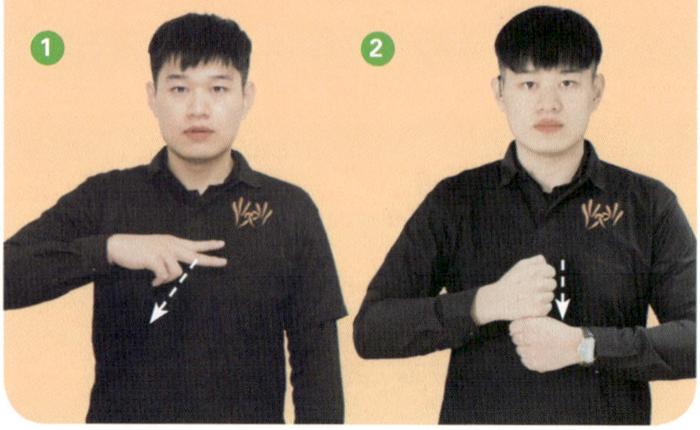

俩

一手食指、中指分开，掌心向上，左右微动两下。

关系

双手拇指、食指套环。

好

第六句：你的裙子真好看。

手语：裙子 \ 好看。

裙子

双手拇指、食指张开，从腰部两侧向下移动，如裙子形状。

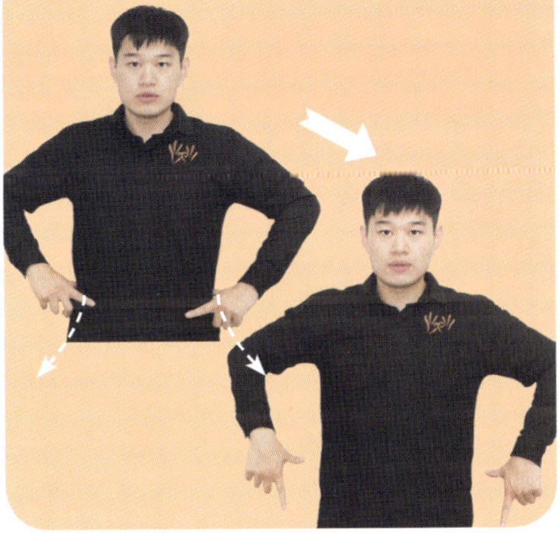

好看（漂亮、美丽）

一手伸拇指、食指、中指，食指、中指先指双眼，然后边向外移动边收拢，并伸出拇指。

词汇拓展：真

一手食指弹打一下另一手食指。

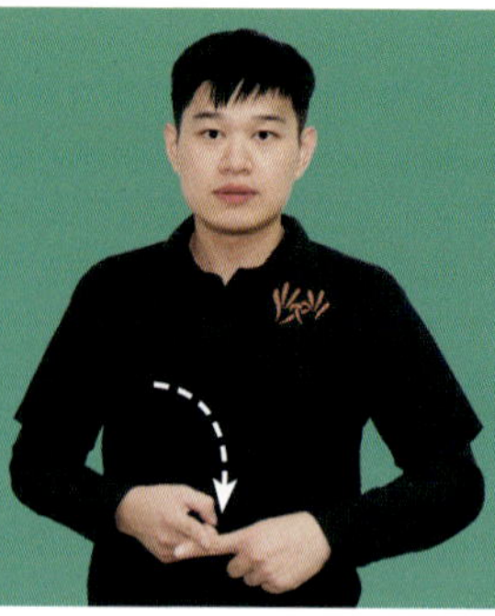

第七句：你的房间布置得真漂亮。

手语：房间 \ 布置 \ 漂亮。

因为“好看”是“漂亮”的同义词，所以“漂亮”可用“好看”的手势表示。同样，布置可用“安排”“摆放”的手势表示。

房间

双手搭成“∧”形。

安排

①安：一手横伸，掌心朝下，自胸部向下一按。
②排：双手伸直，五指张开，一前一后排成一列。

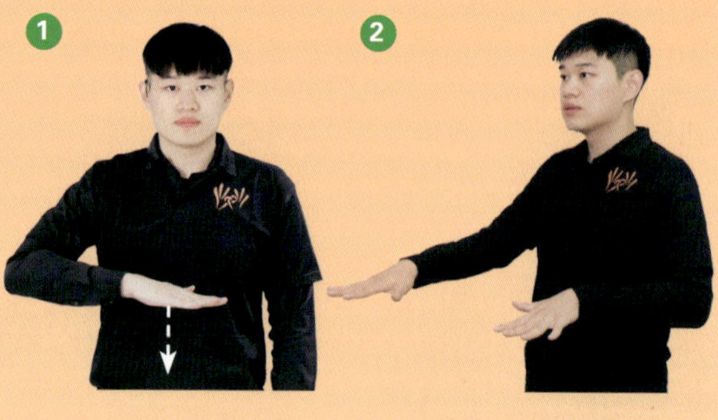

漂亮

第八句：我要向你学习。

手语：学习。

学习

第一种打法是左手伸拇指在前，右手伸小指贴于左手拇指背上，向对方移动一下，表示向某人学习。
第二种打法是一手五指撮合，指尖朝内，按于前额。

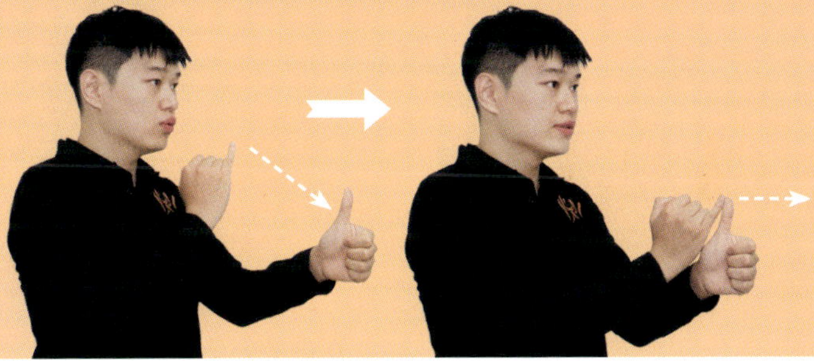

第九句：这是不文明的行为，应该批评。

手语：不文明，\ 批评 \ 应该。

不

文明

①一手五指撮合，指尖朝前，撇动一下，如执毛笔写字状。
②一手食指点一下前额，然后边向外移动边伸出拇指。

1

2

批评

左手食指直立在前；右手伸食指在后，对着左手食指左右挥动几下。

应该

一手食、中指横伸，手背朝上，指背交替弹几下下颏。

第十句：我做错了，应该接受大家的批评。

手语：我 \ 错，\ 大家 \ 批评 \ 接受。

我

错

一手食指、中指直立相叠，置于前额，中指向下弯动一下。

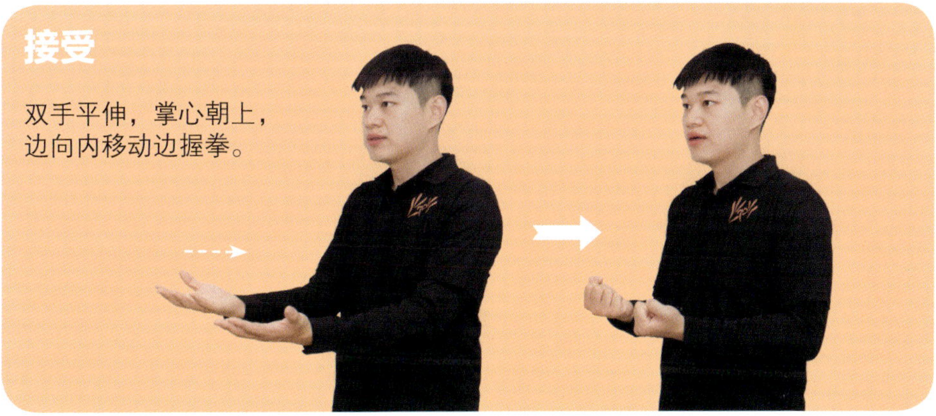

知识链接

手语主要是用表情和动作的变化来表达汉语的程度副词，就是面部表情的加重和夸大，动作力度、幅度的加大，以及频率的加快等。以“忙”为例：面部表情一般，动作一般是“忙”；如果面部表情加重，动作加快，就是“很”忙；如果表情夸大，动作力度、幅度加大，频率加快，就是“非常”忙。

手语不能像有声语言那样表达语气，而用表情和姿势可以弥补这一不足，有时还能起到语法的作用。所以，表情和姿势是手语组词造句的一个重要特征。

第八课　邀请 请求

本课学习有关“邀请”“请求”方面的 11 个句子。

第一句：我买了一套新房子，你愿意去看看吗？

手语：新 \ 房子 \ 我 \ 买了，\ 去 \ 看看 \ 你 \ 愿意吗?

新

房子

我

买了

①买：双手横伸，掌心朝上，右手背在左手掌心上拍一下，然后向里移动。
②了（完了）：一手五指张开，掌心朝下，甩动一下。

1

2

去

看看（看）

一手中指、食指分开，指尖朝前，从眼部向前一指。

一手拇指、食指弯曲，指尖朝颏部点两下，然后抵于颏下，头微微点动一下。

词汇拓展：一套

①一：一手食指直立。
②套：左手直立，掌心向内；右手成“匚”形，套入左手掌。

第二句：我很愿意，现在就去吧！

手语：我＼愿意，＼现在＼去！

现在

双手横伸，掌心朝上，在腹前同时向下颠动两下。

去

第三句：明天是我的生日。晚上，我在家举办生日宴会，你能参加吗？

手语：明天＼我＼生日。＼晚上，＼我＼在＼家＼举办＼生日＼宴会，＼你＼能＼参加＼吗？

明天

我

生日

①左手横立，五指微曲，置于腹前；右手伸拇指、小指，手背向下，先置于左手掌心内，再向下移出。
②右手拇指、食指捏成圆形，虎口朝内，从右向左做弧移动，越过头顶。

晚上

右手直立，掌心朝左，拇指张开，置于眼前，其余四指向下弯动与拇指捏合。

我

在

家

举办

①双手平伸，掌心朝上，从两侧向中间做弧形移动，然后同时向上抬起。
②双手横立，互拍手背。

宴会

①双手做端酒杯互碰动作。
②双手直立，掌心分别朝左右斜前方，食指、中指、无名指、小指弯动两下。

你

能（可以）

一手直立，掌心朝外，拇指不动，其他四指弯曲一两下。

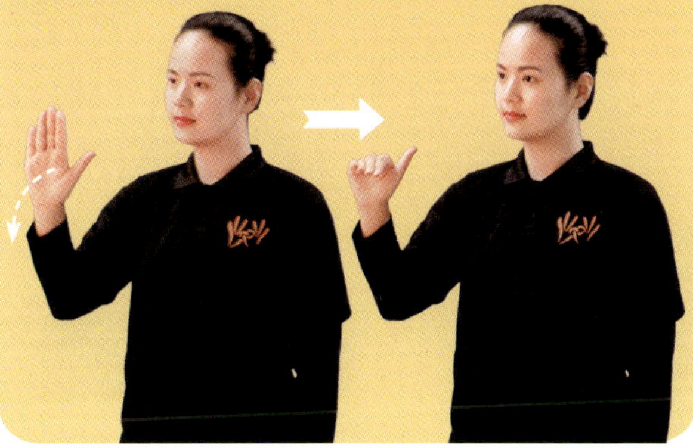

参加

左手直立，掌心朝右；右手伸拇指、小指，向左手掌心靠拢。

第四句：好，我一定参加。

手语：好，\ 一定 \ 参加。

好

一定

一手食指直立，向下一挥。

参加

第五句：你教我学手语可以吗？

手语：你＼教＼我＼学＼手语＼可以吗？

第六句：可以。我们希望健听人都学点手语。

手语：可以。\ 我们 \ 希望 \ 健听人 \ 都 \ 学 \ 点 \ 手语。

点：一手拇指指尖微微弹一下食指指尖。

句中的“点”是“一点”的“点”，即“少量”的意思，所以用“少”表示。

如果是“起点、终点、优点、点菜”等的“点”，打法是“左手横伸，右手食指在左手掌心上点一下”。

健听人

都

学

点

一手拇指指尖微微弹一下食指指尖。

手语

第七句：我可以参加聋人的活动吗？

手语：聋人 \ 活动 \ 我 \ 参加 \ 可以吗？

聋人

活动

①一手食指直立，
边转动边向上移动。
②双手握拳屈肘，
前后交替转动几下。

我

参加

第八句：我喜欢和聋人交朋友，你们欢迎吗？

手语：我 \ 喜欢 \ 和 \ 聋人 \ 交 \ 朋友，\ 你们 \ 欢迎吗？

和

聋人

交

双手伸拇指、小指，掌心朝内，前后交替移动几下。

朋友

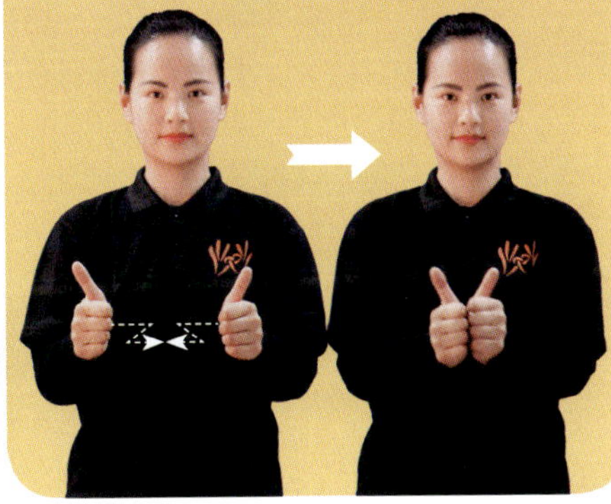

你们

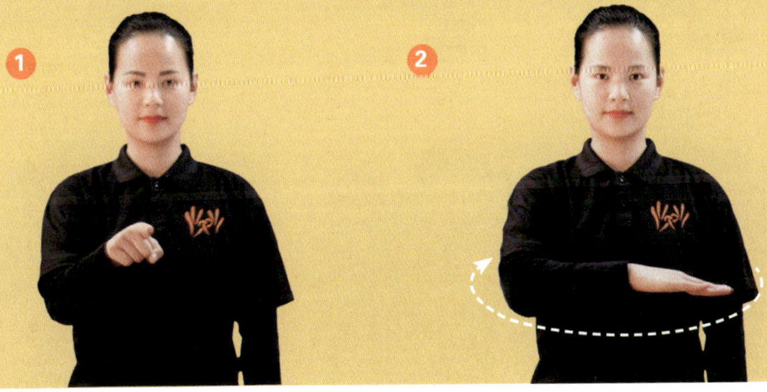

欢迎吗？

第九句：我是聋人，请多关照。

手语：我 \ 是 \ 聋人，\ 请 \ 多 \ 关照。

我

是

聋人

请

多

一手（或双手）侧立，五指分开，边抖动边向一侧移动。

关照

左手伸拇指在前；右手食指、中指微曲在后，指尖对着左手拇指点两下。

第十句：请放心，我会尽力关照你的。

手语：放心，\ 我 \ 会 \ 尽力 \ 关照。

放心

双手拇指、食指搭成心形，先贴于胸部，再向下移动一下。

我

会

一手五指并拢，指尖抵于前额，然后向前伸出，指尖朝前。

尽力

左手握拳屈肘，手背朝外；右手食指横伸，在左手臂上从后向前做弧形移动。

关照

第十一句：不好意思，让你受累了。

手语：不＼好＼意思，＼你＼受累。

不

好

意思

一手平伸，掌心朝上，拇指、中指先相捏，然后弹动两下。

你

受累

①受：双手平伸，掌心朝上，边向内边移动边握拳。
②累：一手握拳敲打另一侧臂部。

知识链接

一手中指、食指分开，指尖朝前，从眼部向前移动一下是“看”，移动两下是 “看看”。根据环境和语境，“看看”也是“注意”的意思。

“看”是个方向性动词，变化方向，可变成“看前方、看上方、看下方”，以及“看右边、看左边、看你”，指尖朝内就是“看我”，等等。

手语中，有些手势不是在前面加“不”表示反义，而有其固定的打法。如不能在“好”前面加“不”表示“不好”，不能在“愿意”前面加“不”表示“不愿意”，等等。也有与上述规律不同的特殊情况，就是可以在前面加“不”，但就另有其意了。如本节第十一句中的“不好意思”就可以在“好”前面加“不”，打成“不+好+意思”。“不好说”“不好办”等也属于这种情况。

第九课　帮助

本课学习有关“帮助”方面的 10 个句子。

第一句：你能帮帮我吗？

手语：帮助（掌心朝内）\ 可以吗？

掌心朝内是“帮助我”，掌心朝外是“帮助你”的意思。

帮助（掌心朝内）

双手斜伸，掌心朝内，按动两下。

可以吗？

第二句：好，你有什么事？

手语：可以。\ 什么 \ 事？

可以

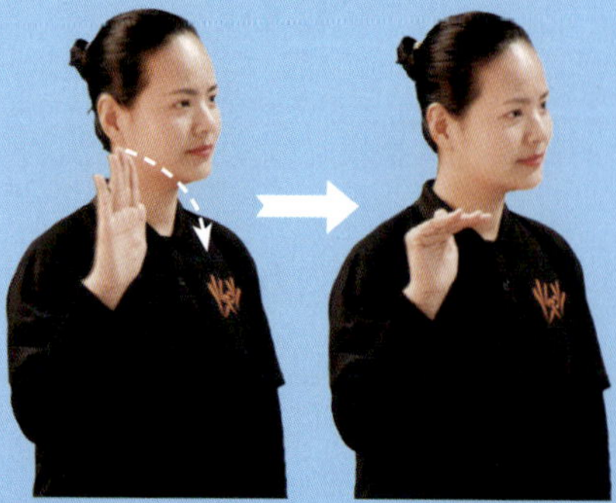

什么

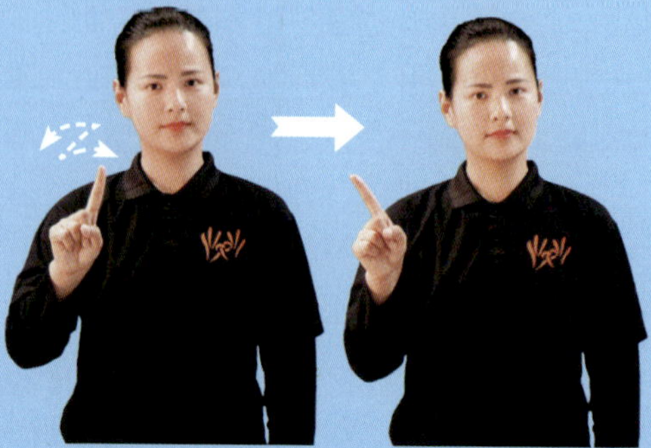

事

词汇拓展：事情

①一手食指、中指相叠，指尖朝前上方。
②双手直立，掌心前后相贴，五指张开，左手不动，右手向右转动一下。

第三句：我家的自来水龙头坏了，你能帮我修理吗？

手语：我 \ 家 \ 水龙头 \ 坏了，\ 你 \ 可以 \ 帮我 \ 修理 \ 吗？

我

家

水龙头

①一手伸食指，指尖贴于下嘴唇。
②一手拇指与食指、中指虚捏并转动，如拧自来水龙头状。

坏了

一手伸小指，
朝下一甩。

你

可以

帮我

修理吗？

一手食指、中指分开，指尖朝前，手背朝上，手腕转动一下。

词汇拓展：自来水

第四句：好的，我马上去修理。

手语：好，\ 我 \ 快 \ 去。

好

我

快

一手拇指、食指捏成圆形，向一侧快速划动。

去

第五句：你能帮我打个电话吗？

手语：帮我 \ 电话 \ 可以吗？

“打个电话”“打电话”都是用“电话”的手势表示。

帮我

电话

可以吗?

第六句：我的笔记本电脑坏了，告诉修理部来修理。

手语：我＼笔记本电脑＼坏了，＼告诉＼修理部＼来＼修理。

我

笔记本电脑

①双手五指弯曲，指尖朝下，交替点动几下。
②双手横伸，掌心相贴，然后右手做向上打开的动作。

1

2

坏了

告诉（提醒）

一手五指撮合，指尖朝前，置于嘴部，边向前移动边张开五指。

修理部

①修理。
②部：打手指字母“B”的指式。

第七句：你有什么事需要我帮忙，就告诉我。

手语：你＼有事＼要＼帮助，＼告诉。

“我帮助”是朝对方打个“帮助”，不要打成“我＋帮助”。“告诉我”朝自己打个“告诉”即可，不要打成“告诉＋我”。

要（需要）

一手平伸，掌心朝上，向后移动两下。

帮助

告诉（我）

词汇拓展：告诉（你）

第八句：关心、帮助聋人是全社会应尽的责任。

手语：关心、\帮助\聋人\是\全\社会\应\尽\责任。

关心

①关：双手垂下，五指并拢，手背朝外，从两侧向中间移动并互碰。
②心：双手拇指、食指搭成心形，手背朝外，置于胸前。

帮助

聋人

是

全（全部、所有、总、完全）

双手五指微曲，指尖朝前，手背朝上，然后向下做弧形移动，手腕靠拢。

社会

左手五指撮合，指尖朝上；右手伸食指，指尖朝下，围绕左手转一圈。

应

一手食指、中指横伸，指背交替弹几下下颏。

尽

左手握拳屈肘，手背朝外；右手食指横伸，在左手臂上从后向前做弧形移动。

责任（任务、使命、委任）

右手五指成“匚”形，按向左肩。

第九句：聋人都很热情，喜欢帮助别人。

手语：聋人＼都＼热情，＼喜欢＼帮助＼别人。

聋人

都

热情

双手五指微曲，指尖朝上，在胸前上下交替动几下。

喜欢

帮助

别人

①别：一手伸食指向旁边一指。
②人。

第十句：我们要互相帮助。

手语：我们＼要＼互相＼帮助。

我们

要

一手平伸，掌心朝上，向后移动一下。

互相

双手直立，掌心相对，左右晃动两下。

帮助

知识链接

“工、人、个、王、公”是模仿汉字形状的手势，这类手势叫“仿字式”手势。仿字式手势除了上述模拟整个汉字字形外，还可以模仿汉字的一部分，模仿汉字的一部分加书空，模仿汉字的一部分加个辅助动作，用半个汉字的手势表示这个汉字，模仿汉字的模糊形象等，以后会逐渐学到。

第十课　时间

本课学习有关“时间”方面的 16 个句子。

第一句：今天是几月几日?

手语：今天 \ 几月几日?

今天

一手横伸，掌心朝上，在腹前向下颤动两下。

几月几日

双手横立，一上一下，五指分开，掌心朝内，手指交替微动几下。

第二句：今天是 1 月 6 日。

手语：1 月 \6 日。

1 月 6 日

一手打“1”在上，表示“1 月”；另一手打“6”在下，表示“6 日”。

第三句：你几月去北京？

手语：北京 \ 几月 \ 去？

北京

右手伸食指、中指，指尖先点一下左胸部，再点一下右胸部（表示北京的简称“京”时，右手伸食指、中指，指尖抵于左胸部，然后划至右胸部）。

几月

去

第四句：我 1 月去北京。

手语：1 月。

1月

左手食指横伸，手背向外；右手伸食指，指尖朝前，在左手下向左一撇，表示“月”字的左边一撇(表示 2 月份时，左手食指、中指横伸分开，手背向外；右手伸食指，指尖朝前，在左手下向左一撇，以此类推）。

第五句：你在北京住几个月?

手语：在 \ 北京 \ 住 \ 几个月?

在

北京

住

几个月

①右手伸五指，手心向内，五指交替微动几下。
②双手拇指、食指张开，指尖相对，从中间向两侧做弧形移动并捏合。

第六句：我在北京住1个月。2月27日回来。

手语：1个月，\2月27日\回来。

“回来”也可以只打“回”或只打“来”。

1个月

左手伸拇、食指，虎口朝上，手背向外；右手伸食指，指尖在左手虎口内划一下，然后直立，手背向外。

2月27日

①2月。
②27日。

回来

①回：一手伸拇、小指，由外向内移动。
②来：一手掌心朝下，向内挥动一下。

第七句：你每周休息几天？

手语：你\每周\休息\几天？

你

每周

左手食指横伸；右手拇指、食指、中指相捏，指尖碰两下左手食指指尖。

休息

双手交叉，手背向外，贴于胸部。

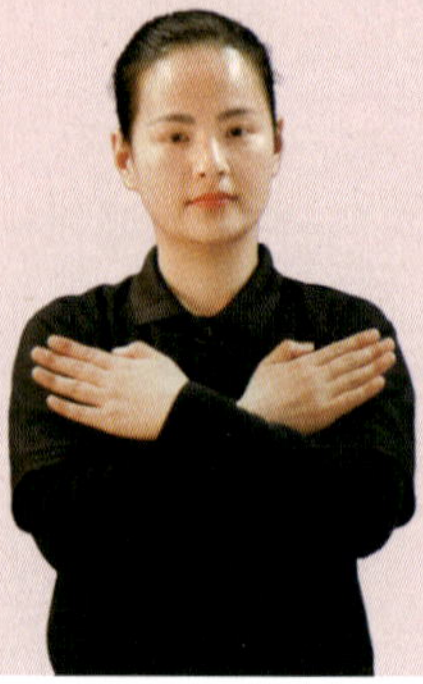

几天

①一手打“几”的手势。
②天：右手伸直食指，从右边向左边做弧形移动。

第八句：两天。

手语：两天。

两天

一手打“二”的手势，从右边向左边做弧形移动。

第九句：今天是星期几？

手语：今天 \ 星期几？

今天

星期几

右手五指张开，指尖朝上，同时向左胸补蹭一下，然后右手直立，手背向外，五指交替点动几下。

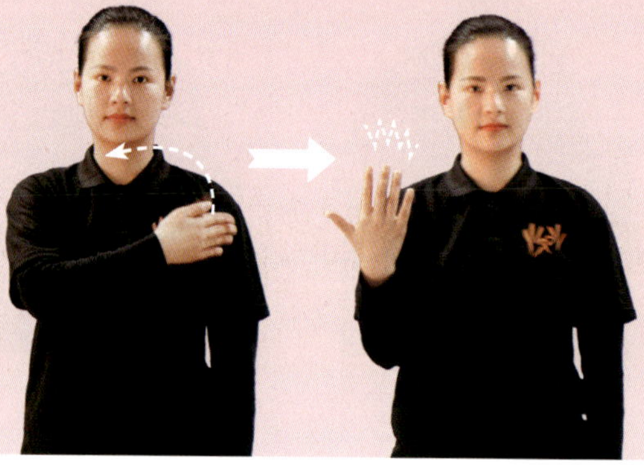

第十句：今天是星期一。

手语：今天 \ 星期一。

今天

星期一

左手直立，掌心向右；右手食指直立（即数字“一”），掌心朝内，碰一下左手掌心。

第十一句：你每年休假几个星期？

手语：你＼每年＼休假＼几个星期？

你

每年

左手握拳，虎口朝上，手背朝外；右手食指横伸，自左手食指根部关节反复向下划动两下。

休假

打法同“休息”。

几个星期

①左手打“几”。
②右手拇指、食指、中指捏成手势“七”，在左手食指指尖上碰一下。

第十二句：两个星期。

手语：两个星期。

两个星期

①打法一：右手直立，伸食、中指并分开，掌心朝外打“二”的手势；右手拇指、食指、中指捏成手势“七”，在左手食指指尖上碰一下。
②打法二：左手伸食指、中指并分开，掌心朝内；右手拇指、食指、中指相捏，在左手食指、中指指尖上各碰一下。

第十三句：现在几点了?

手语：现在＼几点？（或：现在＼点＼几？）

现在

几点?

①左手侧立；右手伸拇、食指，拇指指尖抵于左手掌心，食指向下转动。
②一手直立，掌心朝内，五指分开，手指交替抖动几下。

第十四句：现在是 7 点半。

手语：7 点 \ 半。

7 点

右手先打“七”，再由指尖朝左变成指尖朝下。

半

一手食指横伸，拇指在食指中部划一下。

第十五句：这次散步用了多少时间？

手语：这次 \ 散步 \ 用了 \ 时间 \ 多少？

这次

①这。
②次：一手打手指字母“C”的指式。因为手指字母声母“C”与“次”谐音，所以用“C”表示“次”。

散步

一手伸食指、中指，指尖朝下，随意移动几下。同时食指、中指也交替移动，如散步状。

用了

左手五指成“匚”形，虎口朝上；右手五指撮合，指尖朝下，从左手虎口内抽出，表示利用资源的意思。

时间

多少

第十六句：1 小时 20 分钟。

手语：1 小时 \20 分钟。

小时（时、时间、时候）：左手侧立；右手伸拇指、食指，拇指指尖抵于左手掌心，食指向下移动。

分：左手横伸；右手侧立于左手掌心上左右移动一下。

1 小时

右手先打数字“一”的手势，然后再打“时间”的手势。

20 分钟

左手握拳，手背朝上；右手打“20”的手势，在左手手背上向右移动一下。

知识链接

1. 注意区分

（1）什么时间（如 1 时 20 分）和多少时间（如 1 个小时 20 分钟）的打法不一样，应注意分辨。

（2）“今天”和“现在”打法的不同：

“现在”是双手横伸，掌心朝上，在腹前同时向下颤动两下。

“今天”是一手横伸，掌心朝上，在腹前向下颤动两下。

2. 关于年、月、日、时、分的打法

（1）年：左手握拳，手背向外，右手伸食指从左手食指骨节处向下划去。聋人的习惯打法是：双手抱拳。

（2）月：双手拇指、食指张开，指尖相对，从中间向两侧边做弧形移动边捏合两指，如半弦月状。

（3）日：右手拇指、食两指弯曲成半圆形，从右边向左边做弧形移动。

（4）时（时间、小时）：左手侧立；右手伸拇指、食指，拇指指尖抵于左手掌心，食指向下移动。

（5）分：左手横伸；右手侧立于左手掌心左右移动一下。

3. 关于“月”的打法

（1）1 ~ 12 月的打法：左手食指直立，掌心向右；右手食指横伸即数字“一”的手势，从左手食指指尖向下划一下，表示“1 月”；右手食指、中指横伸并分开即数字“二”的手势，从左手食指尖向下划一下，表示“2 月”，以此类推。

（2）“几月”“几个月”的不同：①几月：左手食指直立，掌心向右；右手伸五指，手心向内，五指交替微动即“几”的手势，从左手食指指尖向下划一下，表示“几月”；②几个月：用“几+月”表示。

（3）几月几日的打法：双手五指横伸，掌心向内，一上一下，上打数字几，就是“几月”，下打数字几就是“几日”；双手一上一下，掌心向内，五指交替微动即“几”的手势，表示“几月几日”。

如果不打月只打日（号），如 8 日（号），聋人的习惯打法是：随打 8 随绕口四周转一圈或打成“8 + 号”。

4. 关于“天（日）”的打法

（1）“× 天”的打法：①一天：右手打“一”的手势，从右边向左边做弧形移动。②两天：右手打“二”的手势，从右边向左边做弧形移动。以此类推。

（2）“几天”：右手打出“几”的手势，从右边向左边做弧形移动。

（3）很多天：在太阳穴处打个“多”的手势，表示天数很多。

（4）今天：一手横神，掌心向上，在腹前向下颤动两下。

（5）明天、后天、大后天：一手食指抵于太阳穴处，然后向外转动一下，变为掌心向外为“明天”；中指、食指在太阳穴处向外转动一下为“后天”；中指、无名指、小指在太阳穴处向外转动一下为“大后天”。

（6）昨天、前天、大前天：一手食指直立，在肩上方向后移动一下为“昨天”； 中指、食指在肩上方向后移动一下为“前天”；中指、无名指、小指在肩上方向后移动一下为“大前天”。

5. 关于“时间”的打法

（1）“几点”：可用“时间＋多少”表示。

（2）表示什么时间：如7时20分，先打“7”，向右移动一下再打“20”即可。

（3）表示多少时间：如7个小时20分钟，应把“小时”和“分”都打出来，即左手侧立，右手打数字7的手势靠左手掌心划一圈，为“7个小时”；左手横伸，掌心向上，右手边打数字20的手势边在左手掌心上来回移动两下，为20分钟。

6. 有关“星期”的打法

（1）“星期×”的表示法： 星期一：左手直立，掌心向外；右手食指直立（即数字“一”），移向左手掌心。 星期二：右手则打“二”。以此类推，“星期日”是右手打“七”。如果是问“星期几”，则右手打“几”，移向左手掌心。

（2）“×个星期”的打法：左手食指直立，右手拇指、食指、中指捏成手势“七”，在左手食指指尖上碰一下，为一个星期。左手伸食指、中指为手势“二”，右手动作不变，为两个星期。以此类推。

有关时间的手势，看似比较复杂，不容易掌握。其实，只要掌握其中的道理和规律，是很容易记住的。

（知识链接中的手势均为济南打法，仅供参考。）

第十一课　天气

本课学习有关“天气”方面的 10 个句子。

第一句：今天天气很好。

手语：今天＼天气＼很＼好。

今天

天气

① 天：一手食指直立，在头一侧上方转动一圈。
② 气：一手打手指字母“Q”的指式，指尖朝内，置于鼻孔处。

很

好

第二句：明天的天气好吗？

手语：明天 \ 天气 \ 好不好？

明天

天气

好

不好（坏）：一手伸小指。
好不好：一手伸拇指，然后缩回拇指伸小指，反复一次。
这句手语用“好不好”在视觉上比较清晰，所以可用“好不好”代替“好吗”。

第三句：天气预报明天有雨。

手语：天气＼预报＼明天＼雨。

天气

预报

① 预：双手直立，手背前后相贴，左手在前不动，右手向后移动。
② 报：双手横伸，掌心左右相对，从嘴前向前上方移动。

明天

雨

双手五指微曲分开，指尖朝下，上下快速动两下。

第四句：上班别忘带雨伞。

手语：上班＼伞＼忘＼不。

上班

伞

左手食指直立；右手五指指尖朝下，掌心抵于左手食指指尖，然后张开。

忘

一手五指撮合，按于前额，然后边向脑后移动边张开。

不

词汇拓展：带

左手横立，掌心朝内；右手捏住左手食指、中指、无名指，向右移动一下。

第五句：最近几天风大，天气干燥，要多喝水。

手语：风 \ 大，\ 天气 \ 干，\ 多 \ 喝水。

风

双手（或一手）直立，掌心相对，左右来回扇动两下。

大

天气

干（干燥）

左手食指、中指与右手食指搭成“干”字形；然后右手食指向下移动一下。

多

喝水

词汇拓展：最近（刚才、不久）

一手拇指、食指相捏，指尖朝后，置于一侧肩前，向后微动两下。

第六句：今天最高气温是多少？

手语：今天 \ 气温 \ 最高 \ 多少？

今天

气温

① 气：同“天气”的手势②。
② 温：双手横伸，五指微曲，掌心朝上，由腹部慢慢移至胸部。

最高

① 最（更、很、极、太）：一手食指横伸，拇指指尖按于食指根部，向下一顿。
② 高：一手横伸，掌心朝下，向上举过头。

多少？

第七句：35 摄氏度（℃）。

手语：35\ 摄氏度（℃）。

35

摄氏度（℃）

右手书空“C”形；左手食指直立；右手横贴着左手食指上下移动。

第八句：今后几天气温很高，要注意防暑降温。

手语：今后 \ 热，\ 要 \ 暑防 \ 温降。

今后

① 今（今天）：一手横伸，掌心朝上，在腹前向下颤动两下。
② 后（以后）：一手直立，掌心朝外，向前挥动一下。

热

一手五指分开，手背向外，在额头向斜下方一抹。

要

暑防

① 暑：同“热”的手势。
② 防：双手直立，掌心朝外，向前一推。

温降

① 温：同“气温”的手势②。
② 降：左手直立，掌心朝外；右手食指直立贴于左手掌心，由上向下移动。

词汇拓展：注意

① 打法一：一手食指、中指分开，置于眼前，指尖朝前点动两下。
② 打法二：左手横伸，掌心向下，五指微曲；右手五指弯曲，掌心向上，右手手背向左手手背碰两下；面露严肃的表情。

第九句：天气冷了，要注意保暖。

手语：天气＼冷，＼要＼保暖。

天气

冷

双手握拳屈肘，小臂颤动两下，如冷得发抖状。

要

保暖

① 保：左手伸拇指；右手横立，五指微曲，置于左手前，然后双手同时向下一顿。
② 暖：同“气温”的手势②。

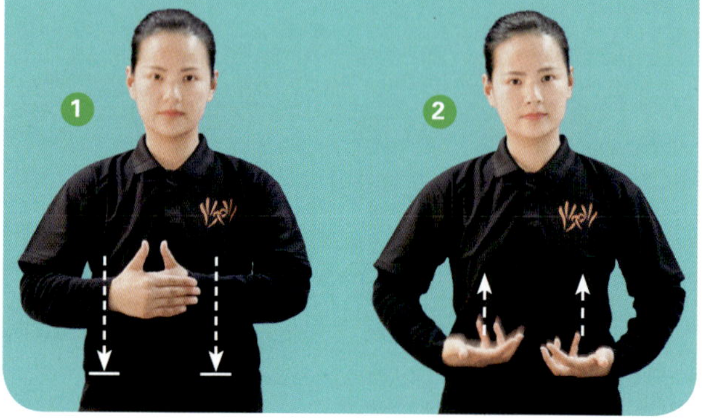

第十句：刚下过雪，路上结了冰，要注意交通安全。

手语：下雪了，\ 路 \ 结冰，\ 注意 \ 交通 \ 安全。

下雪

双手平伸，掌心朝下，五指分开，边交替点动边向斜下方缓缓下降。

马路

双手侧立，掌心相对，向前移动。

结冰

双手五指成“匚コ”形，虎口朝内，左右微动两下。

注意

交通

双手横立，由两侧向中间交错移动一下。

安全

知识链接

1. “下雪了”“结冰了”的打法

“下雪了”“结冰了”分别打成“雪+完了”“冰+完了”。其中“了（完了）”的打法是：一手五指张开，掌心朝下，甩动一下。若把“下雪了”打成“下+雪+书空‘了’”，即先打个“下”，再打个“雪”，最后书空个“了”，是不符合手语表达规律的。

2. 时态助词“了”和“过”在手语中的打法

“了”和“过”是两个表示动作行为状态的时态助词。“了”表示动作行为已经过去。“过”表示曾经发生过。在手语中，表示“过去时”以“完了”这个手势作后缀。如“下课了”“放学了”“回家了”“吃饭了”的“了”和“来过”“看过”“听过”以及“下过雪（下雪了）”“结过冰（结冰了）”的“过”都是用“完了”的手势表示。

第十二课　生活

本课学习有关“生活”方面的 9 个句子。

第一句：你喜欢吃鱼还是喜欢吃猪肉？

手语：鱼 \ 猪肉 , \ 你 \ 喜欢 \ 吃 \ 哪个？

鱼

一手横立，手背朝外，如鱼尾摆动状向一侧移动。

猪肉

① 猪。
② 肉：一手伸拇指、食指捏左手的小鱼际部位。

你

喜欢

吃

打法一：一手伸食指、中指，向嘴边拨动一两下。
打法二：一手掌由外向嘴边拨动。

哪个？

第二句：北方人喜欢吃馒头、油饼、面条、烧饼。

手语：馒头、\ 油饼、\ 面条、\ 烧饼，\ 北方人 \ 喜欢 \ 吃。

馒头

左手横伸，掌心朝下；右手侧立，在左手臂上从下向上切几下，如切馒头状。

油饼

① 油：一手拇、食指搭成“+”字形，置于鼻翼一侧，转动两下。
② 饼：双手拇指、食指搭成大圆形，虎口朝上，如饼的外形。
“油”的另一种打法：一手伸拇指、小指，拇指朝下转一圈，如持油壶向锅里倒油状。

面条

右手中指、食指分开，指尖朝下，从下向上移至嘴部，如用筷子挑面条状。

烧饼

① 烧：左手平伸；右手横伸，掌心、手背在左手掌心上各贴一下。
② 饼：双手拇指、食指搭成圆形，虎口朝上，如烧饼大小。

北方人

① 北：右手直立，五指并拢，掌心朝左，置于胸前正中。
② 方：双手拇指、食指搭成长方形。
“北”的另一种打法：双手伸拇指、食指、中指，手腕相搭，手背朝外，仿“北”字形。
③ 人。

喜欢

吃

第三句：南方人喜欢吃米饭，不喜欢吃烧饼。

手语：南方人＼米饭＼喜欢，＼烧饼＼不喜欢。

南方人

① 南：右手五指并拢，掌心朝左，指尖朝下，置于身前正中。
② 方：同“北方”的手势②。
③ 人。

米饭

一手拇指、食指微张，在嘴角处前后微转两下。

喜欢

烧饼

不喜欢

一手拇指、食指张开，掌心朝内，拇指指尖在嘴角一侧向外划动两下；同时摇头，面露不满的表情。

第四句：我回家先做稀饭再炒菜。

手语：我＼回＼家＼先＼做＼稀饭＼再＼炒菜。

我

回家

① 回：同“回来”的手势①。
② 家。

先

左手伸拇指；右手伸食指，碰一下左手拇指指尖。

做

稀饭

左手拇指、食指搭成半圆形，虎口朝上；右手横伸，掌心凹进，向嘴部拨动两下。

再

炒菜

① 炒：双手五指微曲，指尖朝下，左右拨动几下，如炒菜状。
② 菜：一手五指撮合，指尖朝上，边向上移动边放开五指。

第五句：马主任是回民，吃牛肉、羊肉。

手语：马主任＼回民＼是，＼吃＼牛、＼羊＼肉。

马

主任

① 主：一手伸拇指，贴于胸部。
② 任：右手五指成“匚”形，按向左肩。

回民

① 回：左手拇、食指成“コ”形，虎口朝内；右手拇指、食指捏成圆形，虎口朝内，从前向后移入左手虎口内。仿“回”字形。
② 民：一手五指张开，指尖朝上，然后撮合。

是

吃

牛

羊

肉

第六句：早饭吃油条、喝豆浆，有时喝牛奶、吃鸡蛋。

手语：早饭\油条、\豆浆，\有时\牛奶、\鸡蛋。

早饭

① 早：右手横伸，五指撮合，手背朝上，然后稍向上移动并逐步张开手指，表示早上太阳初升，天色由暗转明。
② 饭：同“吃”的手势。

油条

① 油：同“油饼”的手势①。
② 条：双手拇指、食指、中指相捏，指尖相对，边向两边拉开边转腕。

豆浆

① 一手拇指、食指捏成小圆形，如豆子大小，虎口朝上。
② 一手五指虚握，如拿杯子状，然后移向嘴边如喝水状。

1

2

有时

1

2

牛奶

① 牛。
② 奶：一手虚握，虎口朝上，向下捋动两下，仿挤牛奶的动作。

1

2

鸡蛋

① 鸡。
② 蛋：双手拇指、食指搭成椭圆形，再向下一甩，仿打蛋的动作。

第七句：午饭吃的菜是菠菜粉条、芹菜炒肉。

手语：午饭 \ 菠菜 \ 粉条、\ 芹菜 \ 炒肉。

午饭

① 午（中午）：一手食指直立，置于嘴部，其他四指相握，然后张开。
② 饭：同“吃”的手势。
午（中午）的另一种打法：一手食指、中指相叠，指尖朝上，手背朝内，置于头前，然后边转动手腕边分开食指、中指。

菠菜

① 菠：一手手掌拍一下脖颈。
② 菜：同“炒菜”的手势②。

粉条

① 粉：一手五指撮合，指尖朝下，互捻两下。
② 条：同“油条”的手势②。

芹菜

① 芹(斤、秤、称)：双手拇指、食指、中指相捏，指尖朝下，一高一低，向上一提，如老式杆秤称物状。
② 菜：同“炒菜”的手势②。

炒肉

① 炒：同“炒菜”的手势①。
② 肉。

第八句：今天我买了白菜、韭菜、黄瓜、西红柿，还买了猪肉。

手语：白菜、\ 韭菜、\ 黄瓜、\ 西红柿、\ 猪肉，\ 今天 \ 我 \ 买 \ 完了。

白菜

① 白：一手五指弯曲，掌心向外，指尖弯动两下。
② 菜：同“炒菜”的手势②。
“白”的另一种打法：一手伸食指，指尖抵于腮部，然后五指放开。

韭菜

① 韭：一手打手指字母“J”的指式。
② 菜：同“炒菜”的手势②。

黄瓜

① 黄：一手打手指字母“H”的指式，摸一下面颊部。
② 瓜：双手虚握，虎口相贴，然后向两侧做弧形移动，仿黄瓜外形。
“黄”的另一种打法：一手五指微曲，指背轻触一下面颊部。

西红柿

① 一手打手指字母“H”的指式，摸一下嘴唇。
② 一手五指弯曲，指尖朝内，置于嘴前，然后向外移动，嘴做咬的动作。

猪肉

今天

我

买

完了

第九句：晚饭吃韭菜猪肉水饺。

手语：晚饭 \ 韭菜猪肉水饺。

晚饭

韭菜猪肉水饺

① 韭菜。
② 猪肉。
③ 水饺：双手拇指、食指相捏，左手在下不动，右手在上边捏边移动，如捏合饺子动作。

知识链接

同一个汉字，有时并不能用同一个手势表达，就是不能只按字面表达，要按字义表达。如本课中早饭的“早”和早睡早起、早去早回的“早”打法是不一样的。后者的“早”的打法是：一手横立，食指、中指、无名指、小指并拢，在颏部从左向右摸一下。

本课中“芹菜”的“芹”是用手势“斤”表示的。为什么“芹”用“斤”表示呢？在手语中，有些汉字用手势难以表达，但其中的一半却容易用手势表达，聋人就习惯用这半字的手势来表示，叫“半字表示”，所以“芹”用“斤”表示。再如，“祥”用“羊”表示，“陕”用“夹”表示，“枫”用“风”表示，“槐”用“鬼”表示，等等。

第十三课　邻里 社区

本课学习有关“邻里”“社区”方面的 10 个句子。

第一句：邻居要互相关心，互相照顾。

手语：邻居 \ 互相 \ 关心，照顾 \ 要。

邻居

① 双手手掌搭成“∧”形。
② 双手五指微曲，指尖朝下，从两侧向中间移动并停住。

互相

关心

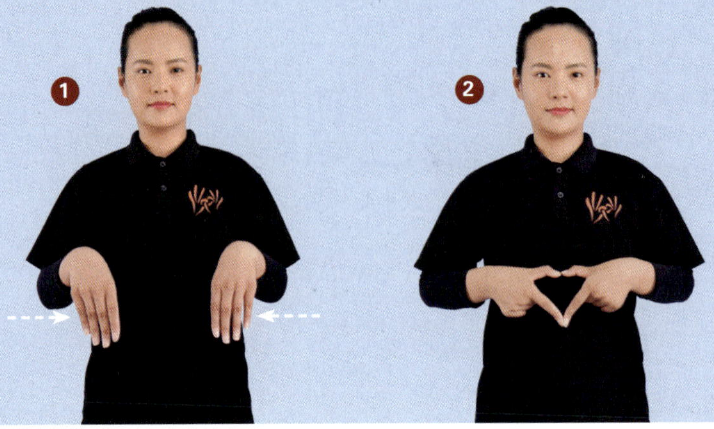

照顾

左手伸拇指在前；右手食指、中指微曲在后，指尖对着左手拇指点两下。

要

第二句：每个家庭都要主动搞好环境卫生。

手语：环境＼卫生，＼每个＼家庭＼做＼好，＼主动＼要。或者每个＼家庭＼环境＼卫生，＼主动＼要。

环境

一手伸食指，指尖朝下划一大圈。

卫生

① 一手拇指、食指搭成“+”字形，置于前额。
② 左手横伸；右手平伸，掌心朝下，贴于左手掌心，边向左手指尖方向移动边食、中、无名、小指握拳，拇指直立。

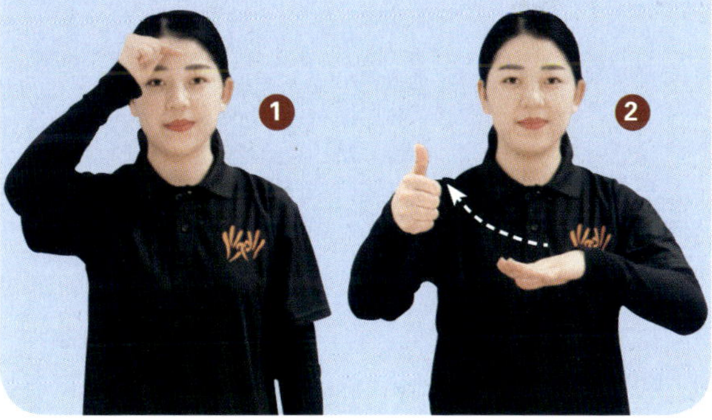

每个（每、各）

一手食指直立，向一侧一顿一顿地移动几下。

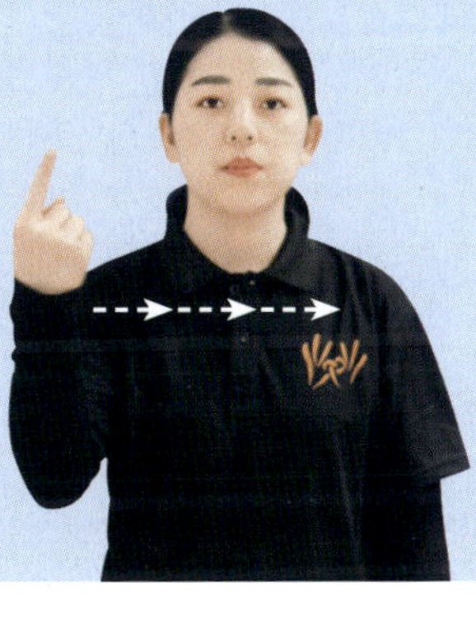

家庭

双手手掌搭成“∧”形。

搞好

① 搞（做、作）：双手握拳，一上一下，上拳砸一下下拳。
② 好。

主动

① 主：一手伸拇指贴胸部。
② 动：双手握拳屈肘，在胸前前后交替转动两下。

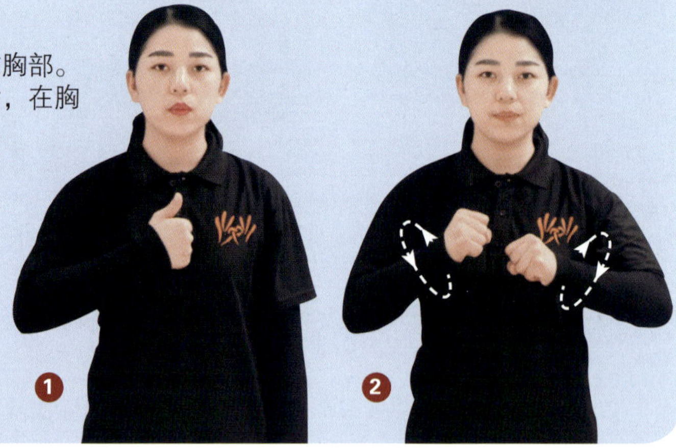

要

第三句：不要往楼下乱扔东西，泼污水。

手语：东西 \ 乱扔 \ 楼下 \ 不，\ 污水 \ 泼 \ 不。

东西

双手食指指尖朝前，掌心朝下，食指先互碰一下，然后向两边分开并张开五指。

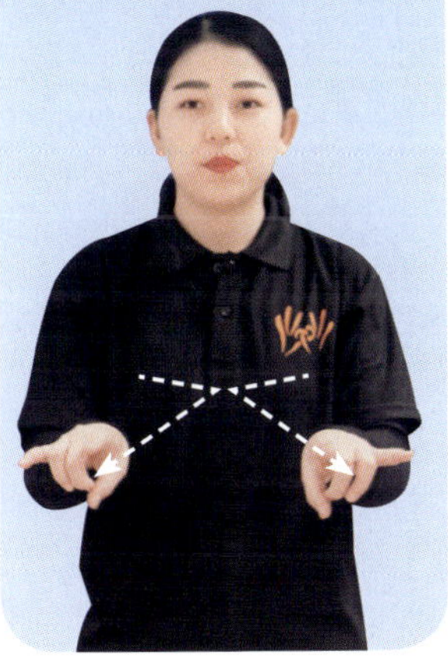

乱

双手五指弯曲，指尖左右相对，前后反向转动两下。

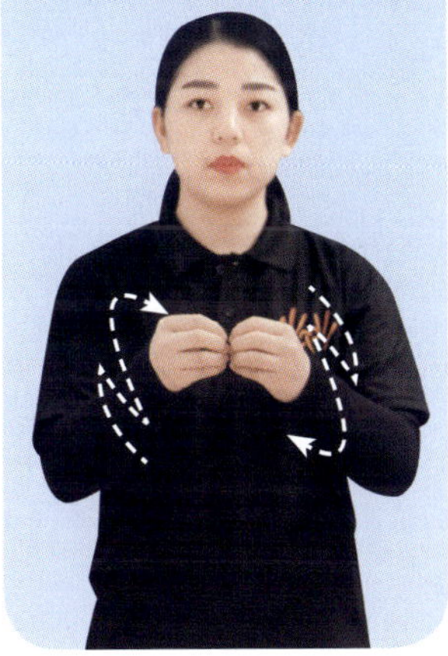

扔

一手虚握，自肩部上方向前一扔，五指张开（可根据实际模仿扔的动作和方向）。

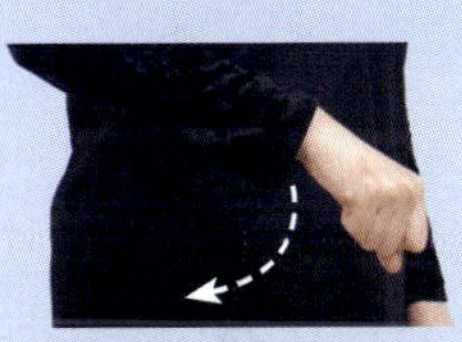

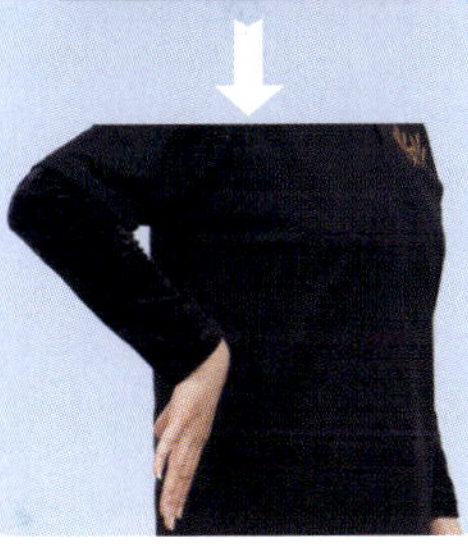

楼下

① 楼：双手横立，手背向外，五指张开，左手在下不动，右手向上移动。
② 下：一手伸食指向下一指。

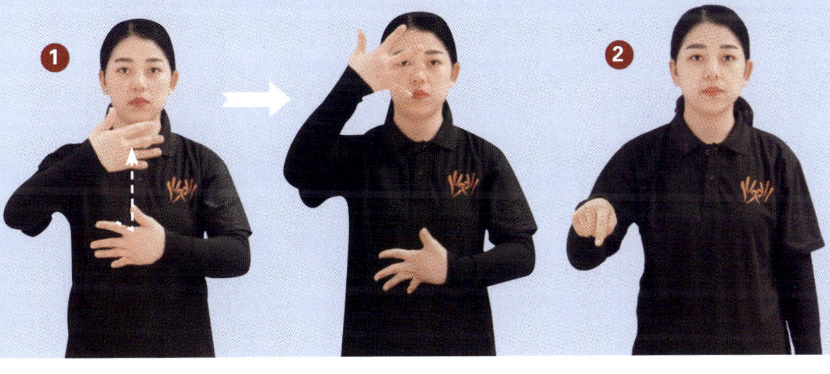

不

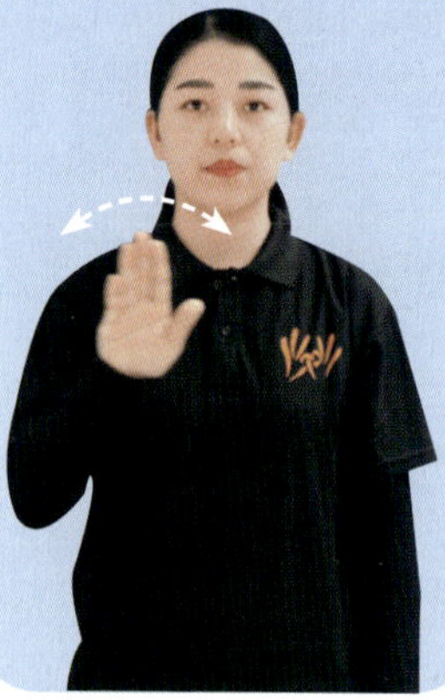

污水

① 污：一手伸小指，指尖朝下，来回划两下。
② 水：一手横伸，掌心朝下，向一侧做波纹状移动，表示数量较多或面积较大的水。

泼

双手伸拇指、食指，指尖相对成圆形，虎口向外斜，做泼水状。

不

第四句：在家里，在楼梯走廊，都不要发出大的响声和震动。

手语：“在∖家，∖楼梯∖走廊，∖震动∖声音∖不。

在

家

楼梯

① 楼：同“楼下”的手势①。
② 梯：左手斜伸，掌心向后上方，五指张开；右手食指、中指分开，指尖朝下，从左手小指交替向上移动，如爬楼梯状。

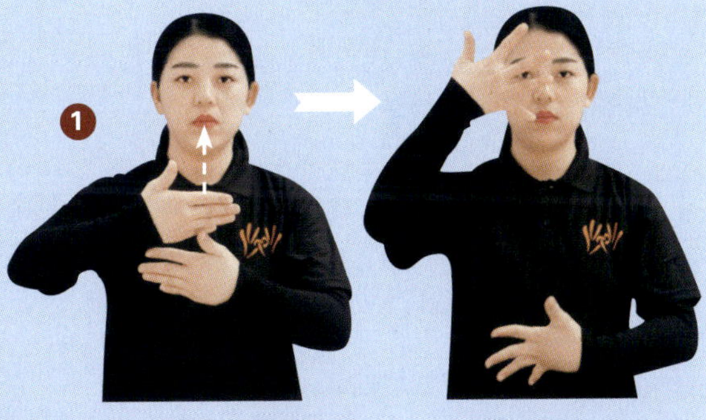

走廊

① 走：一手食指、中指分开，指尖朝下，交替向前移动。
② 廊：双手手掌竖立前伸，向前移动，如通道状。

震动（振动）

双手平伸，五指分开，掌心朝下，左右晃动几下。

声音

一手食指直立，掌心向外，在耳边左右晃动两下。

不

第五句：教育子女，不要和邻居的小朋友打架。孩子打了架，家长不要互相指责。

手语：教育 \ 子女，\ 邻居 \ 小朋友 \ 打架 \ 不要。孩子 \ 打架，\ 家长 \ 互相指责 \ 不要。

“打了架”用“打架了”表示。“互相指责”的打法：双手伸食指，指尖相对，相互交替用力指几下。

教育

双手五指撮合，指尖相对，手背朝外，在胸前向前晃动两下。

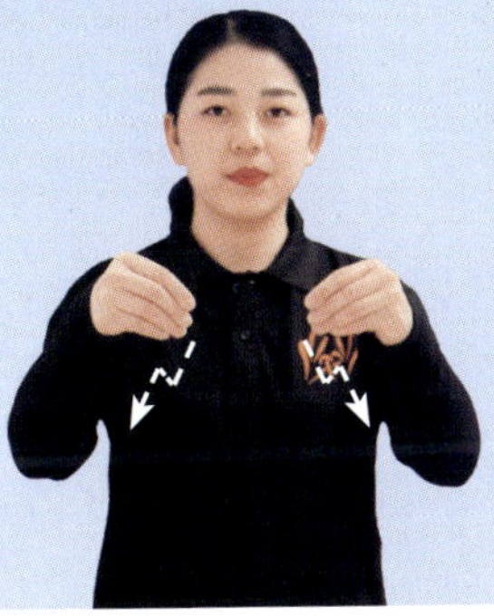

子女（孩子、儿童）

邻居

小

一手拇指、小指指尖相捏。

朋友

打架

双手握拳，交替来回移动，仿打架的动作。

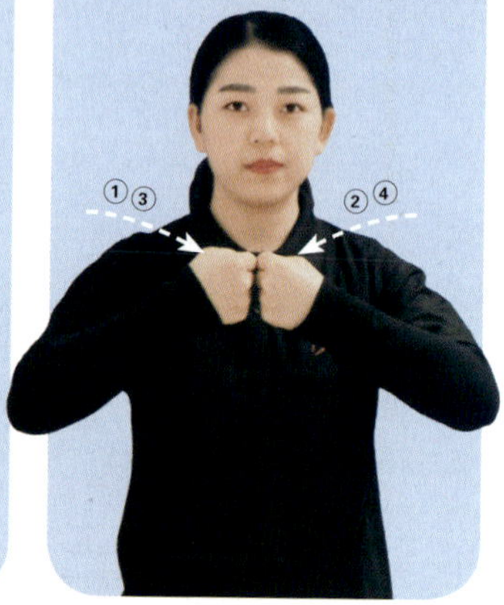

不要

孩子

打架

家长

① 家。
② 长：一手伸拇指、食指、中指，食指、中指直立，拇指指尖抵于前额。

互相

指责（责备）

左手伸拇指、小指；右手伸食指，朝左手拇指指背用力点两下。

不要

第六句：邻居有困难，我们应该主动去帮助。

手语：邻居 \ 困难 \ 有，我们 \ 主动 \ 帮助。

邻居

困难

一手食指抵于太阳穴处，并钻动一下。

“困难”的另一种打法：左手横伸；右手伸拇指、小指，小指指尖抵于左手掌心左右晃动几下。

有

我们

主动

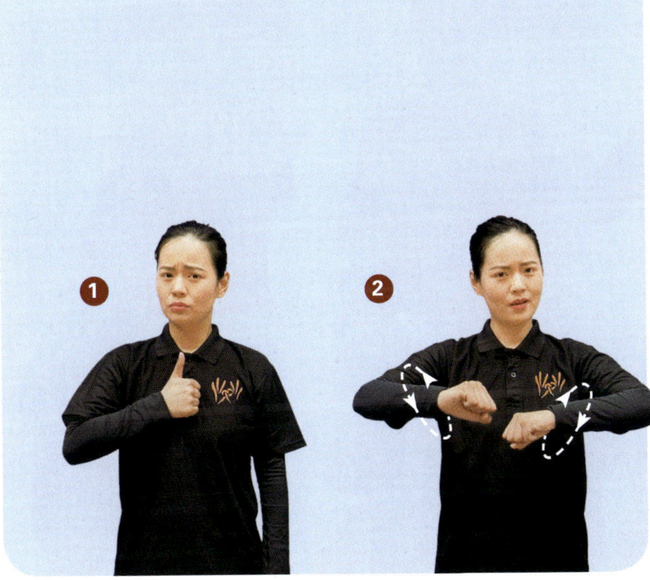

帮助

第七句：我家人口多，工资收入低，生活困难，可在社区申请低保吗？

手语：我＼家＼人口＼多，＼工资＼收入＼低，＼生活＼困难，＼在＼社区＼申请＼低保＼可以＼吗？

工资

① 工：同“工作”的手势①。
② 资（钱）：左手拇指、食指捏成圆形，虎口朝上；右手伸食指，敲一下左手拇指。

收入

① 同“工资”的手势②。
② 双手横立，五指微曲，掌心朝内，从外向内收进。

低

一手横伸，掌心朝下，自腹部往下一按。

生活

困难

在

社区

① 社：左手五指撮合，指尖朝上；右手食指指尖朝下绕左手转一圈。
② 区：左手拇指、食指成“匚”形，右手食指、中指相叠，置于左手“匚”形中，仿“区”字形。

申请

右手握住左手食指，向前上方移动一下。

低保

① 低。
② 保：左手伸拇指；右手横立，五指微曲，置于左手前，然后双手同时向下一顿。

可以吗？

第八句：申请低保，需要单位写收入证明，符合条件，就可以办理。

手语：申请＼低保，需要＼单位＼写＼收入＼证明，＼符合＼条件，就＼可以＼办理。

申请

低保

需要

单位

写

左手横伸；右手如执笔状，在左手掌心上做写字的动作。

收入

证明

① 双手平伸，掌心朝上，从两侧向中间移动并互碰。
② 左手横伸；右手虚握，虎口朝上，在左手掌心上砸一下，如盖章状。
（此手势专用于表示证明的名词意思）

符合

双手横立，指尖相对，从两侧向中间交错移动至双手重叠。

条件

双手拇指、食指微张，指尖相对，虎口朝上，从中间向两侧拉开两次。

就

可以

办理

① 办：双手横立，互拍手背。
② 理：双手侧立，掌心相对，一顿一顿地向一侧移动两下。

第九句：积极参加社区活动，密切邻里关系。

手语：积极＼参加＼社区＼活动，密切＼联系＼邻居。

积极

双手五指撮合，指尖朝上，边上下交替移动边开合几下。
“积极”的另一种打法：一手握拳屈肘，在胸前上下挥动几下。

参加

社区

活动

密切

双手直立，掌心朝内，十指并拢靠在一起。

联系

双手拇指、食指相互套环，左右移动两下。

邻居

词汇拓展：亲切

① 一手直立，五指并拢，摸一下脸部。
② 双手横立，左手在前不动，右手自胸部向前贴向左手掌心。

第十句：人人关心社区建设，共同创造和谐社区。

手语：人人 \ 关心 \ 社区 \ 建设，共同 \ 创造 \ 和谐 \ 社区。

建设

双手五指成“匚コ”形，虎口朝内，交替上叠，如砌砖动作，引申为建设。

共同

① 共：双手食指、中指搭成“共”字形。
② 同：一手食指、中指横伸并分开，指尖朝左，然后平行移动一下。

创造

① 一手握拳，虎口贴于太阳穴处，然后边向前移动边张开五指。
② 双手握拳，一上一下，上拳砸一下下拳。
另一种打法：① 一手食指在胸前从下往上挑动一下。
② 双手握拳，一上一下，上拳砸一下下拳。

和谐

① 双手直立，五指微曲，掌心相对，从两侧向中间合拢。
② 双手横立，五指张开，掌心朝内，边向下转动，边食指、中指、无名指、小指握拳。

社区

知识链接

关于“收”和“受”的打法区分：

收：双手侧立，掌心相对，五指弯曲，由外向内收进。收藏、收回、秋收等的“收”可以这样打。

受（接受）：双手平伸，掌心朝上，边由外向内移动边握拳。受奖、受苦、受罚等的“受”都可以这样打。

另外，分辨一下“受（接受）”与“授（授予）”的不同：“受”与“授”意思相反，手势动作也相反。“授”的打法是：双手握拳，掌心朝上，边由内向外移动边伸开双手。授课、教授、授奖的“授”都可以这样打。

收

受

第十四课　购物

本课学习有关“购物”方面的 13 个句子。

第一句：你好，欢迎光临！

手语：好，\ 欢迎 \ 光临！

好

欢迎

光临

这是一个称客人来到的敬词，只打“来”或者“到”，表达不出“光临”的含义。可微微弯腰，同时打“请进”的手势。

第二句：你需要什么？

手语：需要 \ 什么？

需要

什么？

第三句：我随便看看。

手语：随便＼看看。

随便

食指、中指伸直，在胸前随意交替摆动几下。

看看

第四句：你想看什么我拿给你。

手语：想＼看＼什么，＼我＼拿＼给你。

“拿”和“给”这两个手势都要注意方向。

想

看

什么

我

拿

一手五指张开，指尖朝下，边向上移动边握拳（可根据实际模仿拿、取的动作）。

给

你

第五句：我想买个价格便宜的手机。

手语：我\想\买\价格\便宜\手机。

我

想

买

价格

① 左手拇指、食指捏成圆形，虎口朝上；右手伸食指，敲一下左手拇指，即“钱”的手势。
② 一手直立，掌心朝内，五指张开，交替抖动几下，即“多少”“几”的手势。

1

2

便宜

左手平伸；右手拇指、食指相捏，在左手掌心上向下微动两下。

手机

第六句：我带你到二楼手机专柜看看。

手语：我＼带＼你＼二楼＼手机＼专柜＼看看。

打“二楼”这个手势时，要看你在几楼。如果在一楼，先横打“二”，再向上一抬；如果在三楼或三楼以上，则先横打“二”，再向下一动。

专柜

① 专：左手食指指尖朝前；右手五指张开，掌心朝外，置于左手食指根部，然后边向前移动边握拳。
② 柜：双手平伸，掌心朝下，由中间向两侧平移再折而向下，如“П”状。

1

2

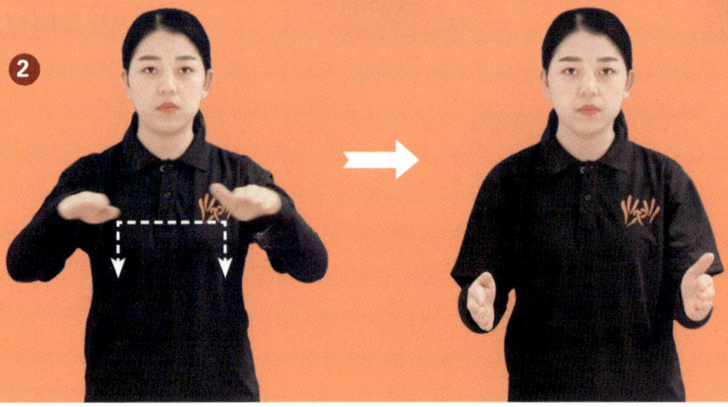

看看

第七句：我不要太贵的。

手语：贵＼不要。

贵

左手横伸；右手拇指、食指伸直，边砸向左手掌心边相捏。

不要

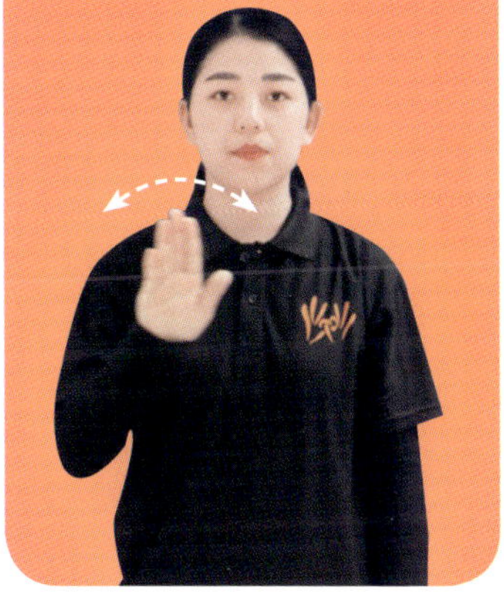

第八句：这一款多少钱？

手语：这（指具体实物）＼钱＼多少？

这

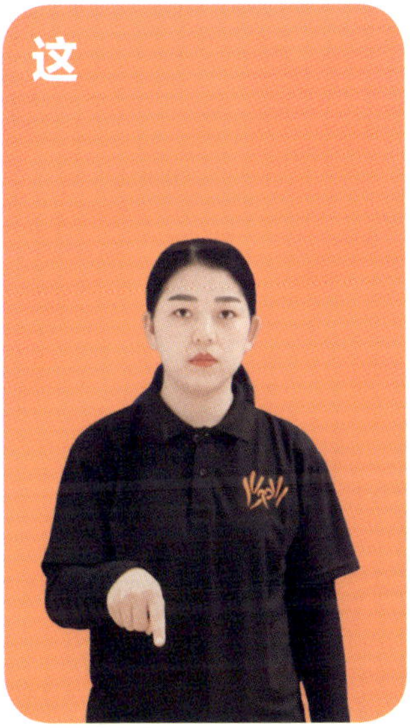

钱

多少？

第九句：这一款 1500 元，是新产品，不贵，而且质量也很好。

手语：这（指具体物品）\1500 元，\ 新 \ 产品 \，不贵 \，质量 \ 也 \ 很好。

这

1500 元

① 1000：一手伸食指，指尖朝前，书空“千”字形。
② 500：右手直立，伸直五指，从左向右挥动一下。
③ 元：一手拇指、食指弯曲，指尖稍分开，成一个半圆形。

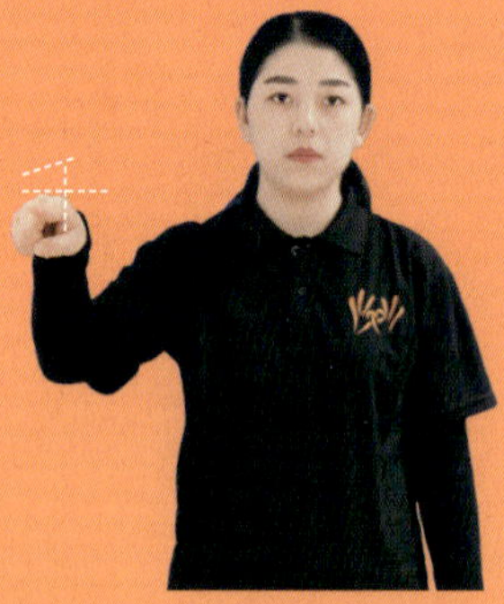

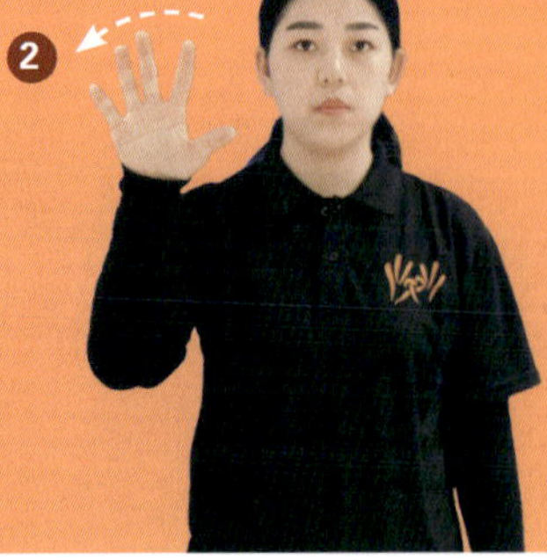

新

产品

① 产（生产）：左手五指成半圆形，虎口朝上；右手五指撮合，指尖朝上，边从虎口内伸出，边放开五指。
② 品：双手拇指、食指捏成圆形，虎口朝内，左手在上不动，右手在下由左向右移动一下，仿“品”字形。

不贵

质量

左手握拳，手背朝上；右手食、中指横伸，指背交替弹几下左手手背。

也

很好

第十句：好，我买这一款。

手语：这（指实物）\ 我 \ 买。

这

我

买

第十一句：我带你去收款台交款。

手语：我＼带你＼去＼交款。

第十二句：手机一年保修，出现问题，可以去售后服务部修理。

手语：手机＼一年＼保修，＼问题＼出现，＼可以＼去＼售后＼服务部＼修理。

一年

左手握拳，虎口朝上，手背朝外；右手食指横伸，自左手食指根部关节向下划。

保修

① 保：同“低保”的手势②。
② 修：同“修理”的手势。

问题

右手食指书空“？”。

出现

同“产品”的手势①。

可以

去

售后

① 售（卖）：双手横伸，掌心朝上，右手手背在左手手掌上拍一下，然后向外移动。
② 后：一手直立，掌心朝外，向前一挥。

服务部

① 服务：右手横立，在左胸部向上划动两下。
② 部：一手打手指字母“B”的指式。

修理

第十三句：谢谢，欢迎再来！

手语：谢谢，\ 欢迎 \ 再来！

谢谢

欢迎

再来

① 再：右手拇指、食指、中指相捏，边向左侧移动边伸出食指、中指。
② 来：一手掌心朝下，向内挥动一下。

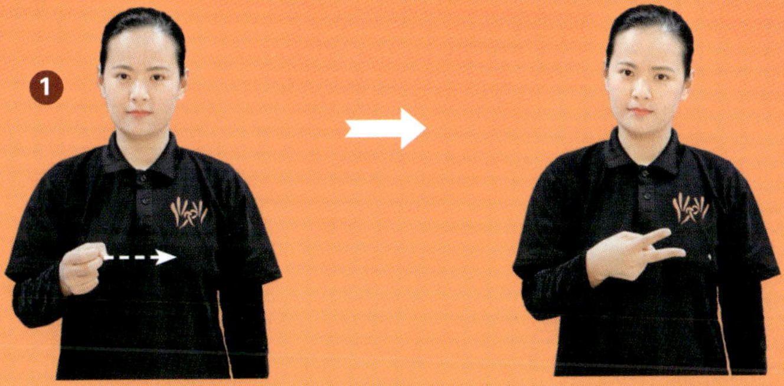

知识链接

本课出现了“这一款”和“交款”两个同形、同音、不同义的“款”字，要按字义打手势。“交款”的“款”可用同义词“钱”表示。“这一款”的“款”是“款式”的“款”，“款式”可用近义词“样子”表示。打“这一款”这个手势时只指一指实物即可。

第十五课　超市

本课学习有关“超市”方面的 10 个句子。

第一句：儿童玩具在哪里卖？

手语：儿童 \ 玩具 \ 哪里？

儿童

玩具

① 玩：双手伸拇指、小指，顺时针平行交替转动一圈。
② 具：双手食指指尖朝前互碰一下，然后向两侧分开并张开五指。

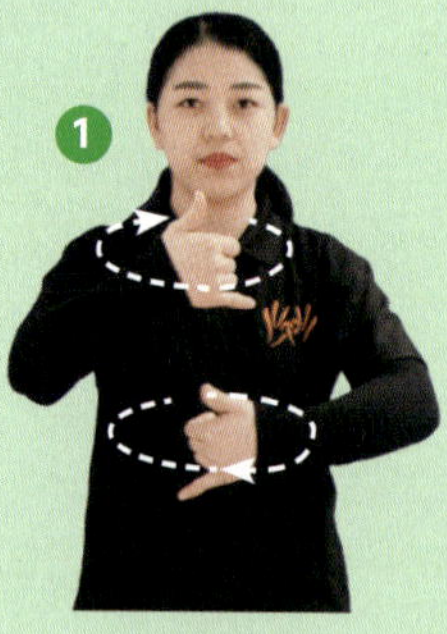

哪里？

一手食指直立，掌心朝外，左右晃动几下。

第二句：向前，再左拐。

手语：向前，\ 左拐。

向前

一手伸食指向前一指。

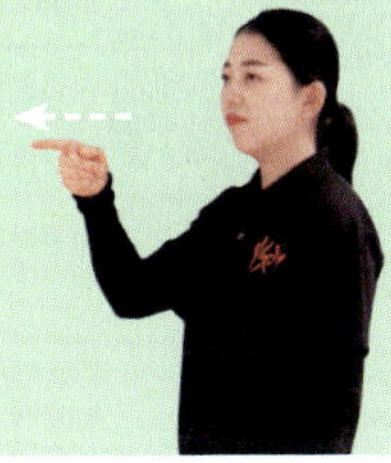

左拐

一手伸食指向前一指，再向左一指。

第三句：今天是“六一”儿童节搞活动，这些商品可以打八折。

手语：今天 \ “六一”儿童节 \ 活动，\ 商品 \ 八折。

今天

“六一”儿童节

① “六一”：一手打手势“六”，在上；一手打手势“一”，在下。
② 儿童。
③ 节。

活动

商品

① 双手横伸，掌心向上，前后交替转动两下。
② 同“产品”的手势②。

八折

① 八：一手伸拇指、食指，手背朝内或朝外。
② 折：双手食指相捏，虎口左右相对，然后向上掰动一下。

第四句：这里有男孩、女孩玩的玩具，你可根据孩子的年龄和特点挑选。

手语：这 \ 男孩、\ 女孩 \ 玩具，\ 可 \ 根据 \ 年龄 \ 特点 \ 挑选。

这

男孩

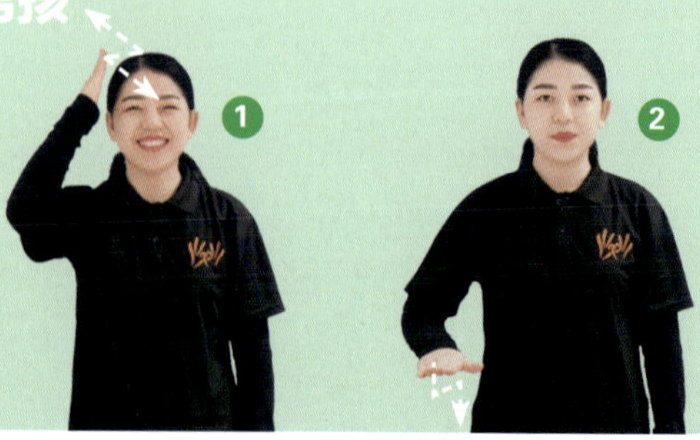

女孩

玩具

可

根据

左手握拳，手背朝上；
右手握住左手手腕。

年龄

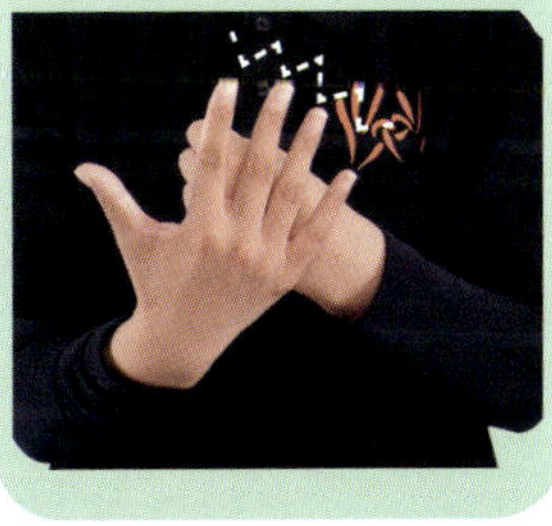

特点

① 左手横伸，手背朝上；右手食指直立，手背朝外，从左手小指边向上伸出。
② 左手横伸，掌心朝上；右手伸食指，指尖朝下点一下左手掌心。

挑选

左手直立，五指分开，掌心朝内；右手拇指、食指边捏一下左手食指、中指边向上移动。

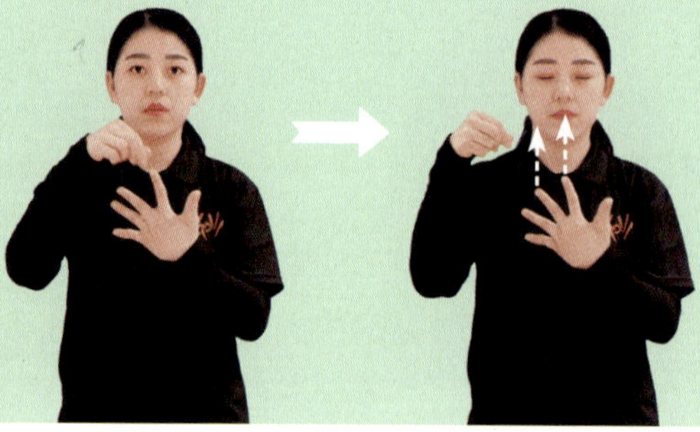

第五句：那边还有开发儿童智力的玩具。

手语：开发＼儿童＼智力＼玩具＼那边＼有。

开发

双手食指、中指分开，掌心向外，交叉搭成“开”字形，然后向两侧打开，掌心向斜上方。

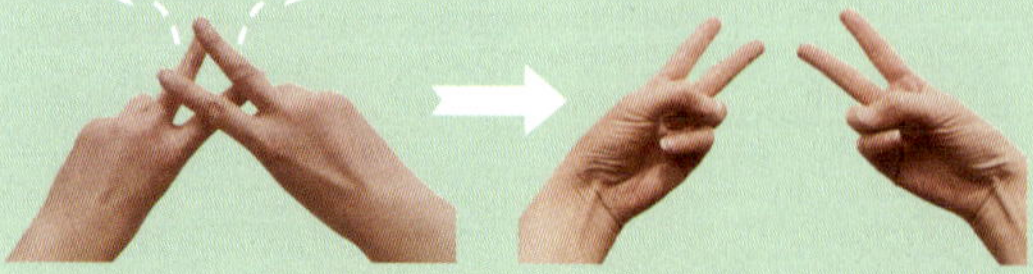

儿童

智力

① 一手食指点一下前额。
② 一手握拳屈肘，向内用力弯动一下。

玩具

那边

有

第六句：请出示会员卡。

手语：出示 \ 卡。

出示

仿一手从上衣口袋掏出证件朝向对方。

卡

左手横立，掌心向内，五指并拢，在前不动；右手五指撮合，指背贴一下左手掌心，然后移开，模仿刷卡的动作。

第七句：总共 150 元。

手语：共 \150 元。

总共（共）

双手五指微曲，指尖左右相对，然后向下做弧形移动，手腕靠拢。

150 元

① 100。
② 50：一手五指张开，掌心向外（向内），弯动两下。
③ 元。

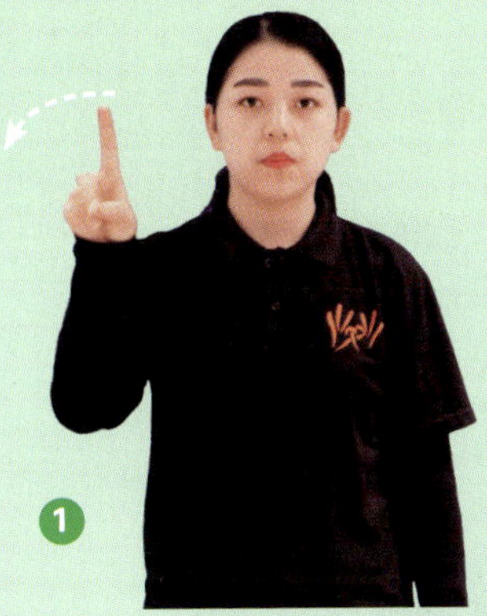

第八句：收了你 200 元，找你 50 元。

手语：收 \200\ 元，\ 找你 \50 元。

200 元

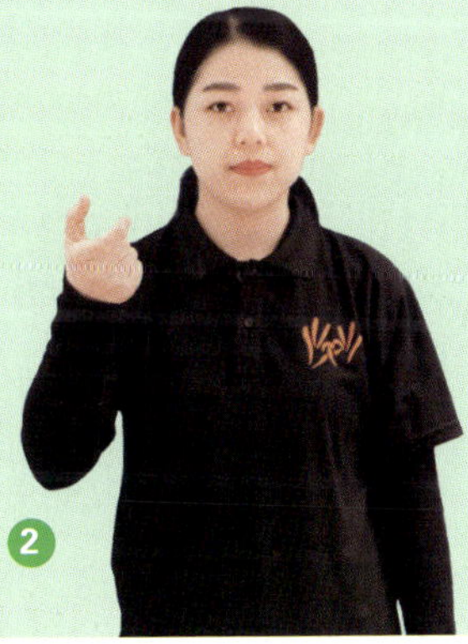

找你

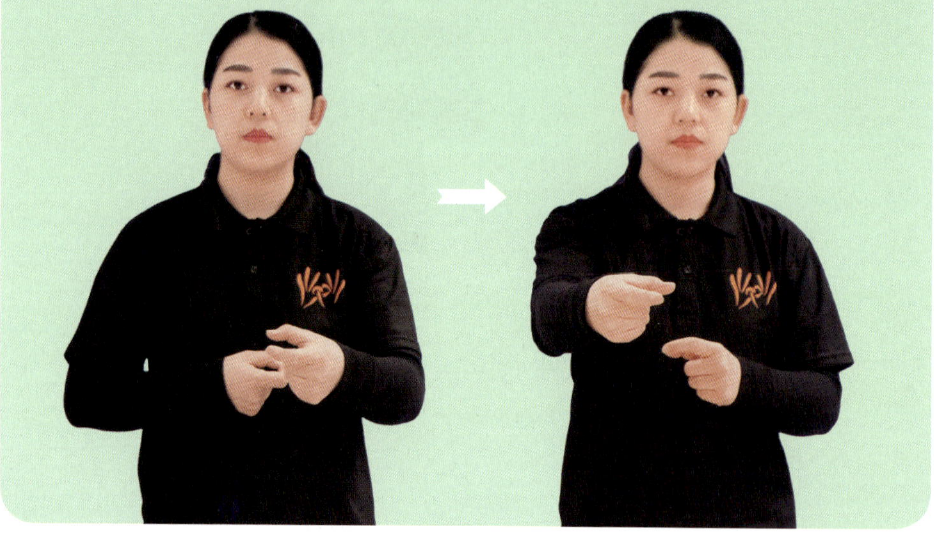

50 元

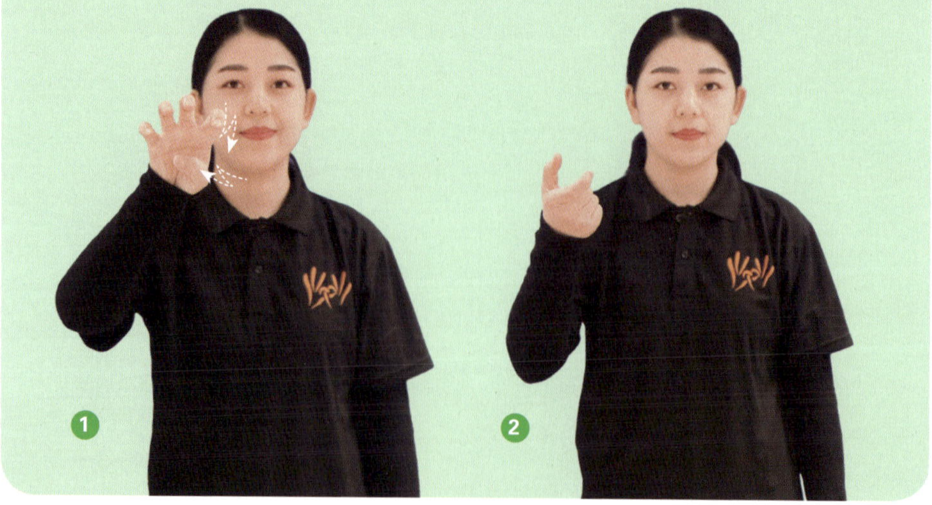

第九句：要包装袋吗?

手语：包装袋＼要?

包装袋

① 包装：双手平伸，掌心朝上，然后交替翻动，手背相叠，如包物品状。
② 袋：双手掌心向上，手指搭成网状形兜起。

1

2

要?

第十句：不要。

手语：不。

第十一句：谢谢你的光临！

手语：谢谢光临！

知识链接

上一课讲了“欢迎光临”中“光临”的手势打法。“谢谢光临”和“欢迎光临”中“光临”的手势打法一样。不过要注意“谢谢光临”的“光临”双手要朝向客人离去的方向。

第十六课　就医（一）

本课学习有关“就医”方面的 8 个句子。

第一句：请问，挂号处在哪里？

手语：挂号 \ 哪里？

“请问”等礼貌用语往往不能用手语表达，要用表情和动作表达。

挂号

① 挂：左手拇指、食指张开，虎口朝内；右手食指弯曲，挂在左手拇指上。
② 号：一手五指成“L”形，虎口贴于嘴边，口张开。

哪里？

第二句：你挂哪个科？

手语：挂 \ 哪个 \ 科？　或者：挂 \ 科 \ 哪个？

挂

哪个

科

一手打手指字母“K”的指式。

第三句：我挂内科（外科、眼科、口腔科、骨科、皮肤科、耳鼻喉科、妇科、中医科）。

手语：内科（外科、眼科、口腔科、骨科、皮肤科、耳鼻喉科、妇科、中医科）。

内科

①内：左手横立，掌心朝内；右手食指直立，在左手掌心内由上而下移动一下。
②科。

外科

①外：左手横立，掌心朝内；右手食指在左手手背外向下指一下。
②科。

眼科

①眼：一手食指指一下眼睛。
②科。

口腔科

① 口腔（口）：一手食指沿口部转一圈。
②科。

骨科

①骨：左手握拳，手背朝上；右手拇指、食指张开，卡在左手腕部，左手微转两下。
②科。

皮肤科

①皮肤：左手横伸，手背朝上；右手拇指、食指捏一下左手手背的皮肤。
②科。

耳鼻喉科

①耳鼻喉：一手食指指一下具体部位。
②科。

妇科

①妇（女）：右手拇指、食指捏一下耳垂。
②科。

中医科

① 中：左手拇指、食指与右手食指搭成“中”字形，在左手掌心内由上而下移动一下。
② 医：一手拇指、食指搭成“十”字形，置于前额。
③ 科。

第四句：挂普通号还是专家号？

手语：普通（号）？\专家（号）？

普通

左手横伸，掌心朝下；右手平伸，边拍一下左手手背边向右移动，反复一次。

专家

① 专：左手伸食指，指尖朝前，虎口朝上；右手五指张开，掌心向前上方，置于左手食指根部，然后边向前移动边握拳。
② 家：双手手掌搭成“∧”形。

①

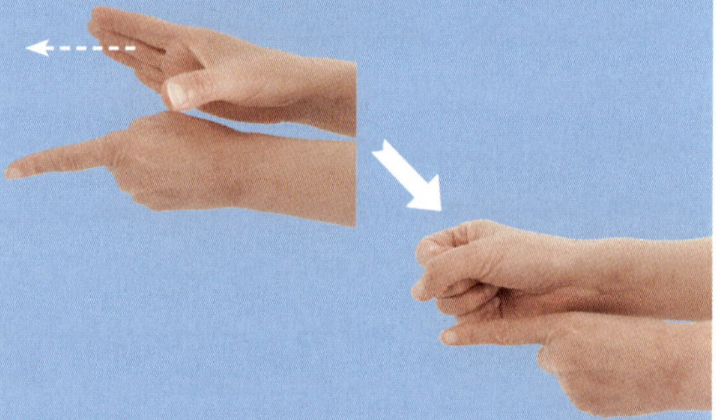

②

第五句：带社会保障卡了吗？

手语：社会保障卡 \ 有？

社会保障卡

① 社会。
② 保障：同“低保”的手势②。
③ 卡。

有？

第六句：你哪儿不舒服？

手语：不舒服＼哪儿？

不舒服

一手横伸，掌心朝内，贴于胸部，向下挥动两下。

哪儿？

第七句：我头疼、恶心、咳嗽，全身都疼（腰疼、腹疼、胃疼、胸闷、心慌、气喘、咯血、腹泻、便血、失眠）。

手语：头疼、＼恶心、＼咳嗽，＼全身＼疼（腰疼、腹疼、胃疼、胸闷、心慌、气喘、咯血、腹泻、便血、失眠）。

头疼

①头：一手食指指一下额部。
②疼：一手直立，掌心向内，五指张开，在鼻前交替点动，面露难受的表情。

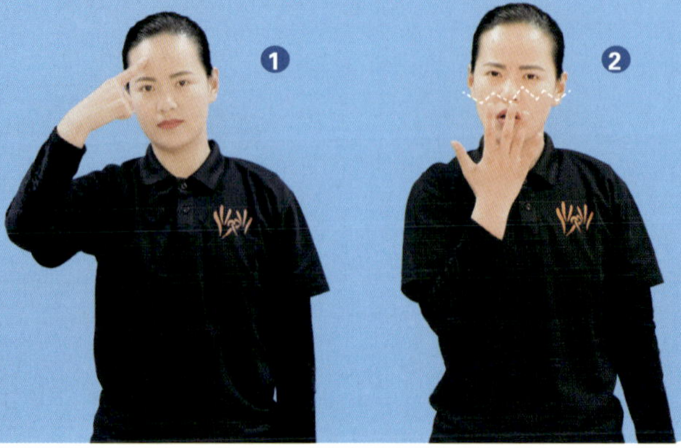

恶心

一手五指弯曲，指尖朝上，置于胸部，然后向喉部移动两下。

咳嗽

一手食指指喉部，口微张，头点动几下，如咳嗽状。

全身

一手伸食指，绕身体画一圈。

疼

腰疼

① 腰：一手食指指向腰部。
② 疼。

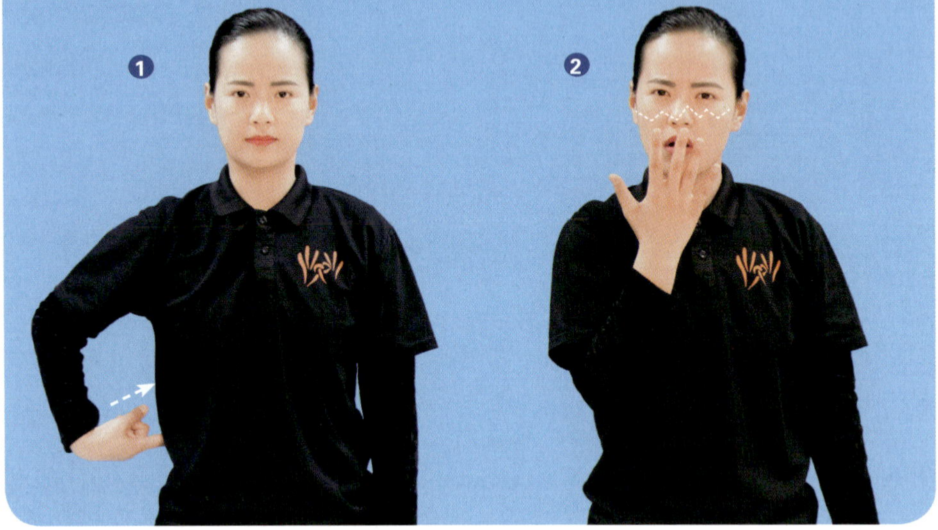

腹疼

① 腹：一手手掌捂于腹部。
② 疼。

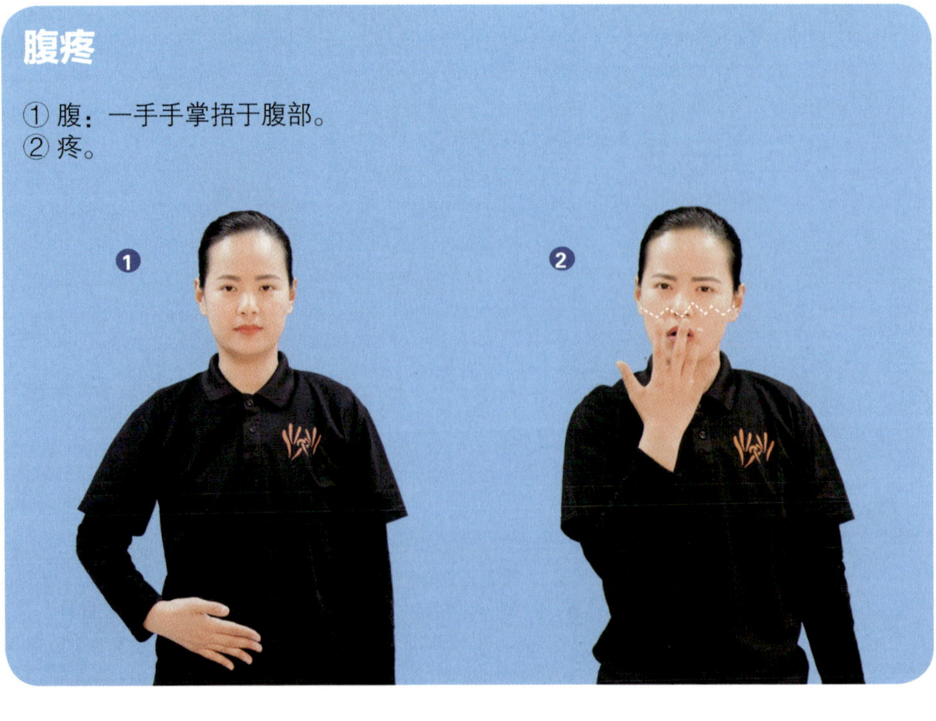

胃疼

①胃：双手中、无名、小指搭成“田”字形，指尖朝斜下方，贴于胃部。
②疼。

①

②

胸闷

①胸：一手伸食指，指尖朝内，在胸部画一圈。
②闷：一手拇指、食指捏住鼻子，同时低头闭眼。

①

②

心慌

双手拇指、食指搭成心形，贴于胸前上下颤动。

气喘

一手五指弯曲张开，指尖抵于胸部，边上下移动边做喘气状，面露无力的表情。

咯血

① 咯：同“呕吐”的手势。
② 血：右手伸食指，指尖朝下，在左臂处向下划动两下。

①

②

腹泻

① 腹。
② 泻：左手伸拇指、小指，拇指指尖朝上；右手五指撮合，指尖朝下，置于左手小指下，连续做开、合的动作。

①

②

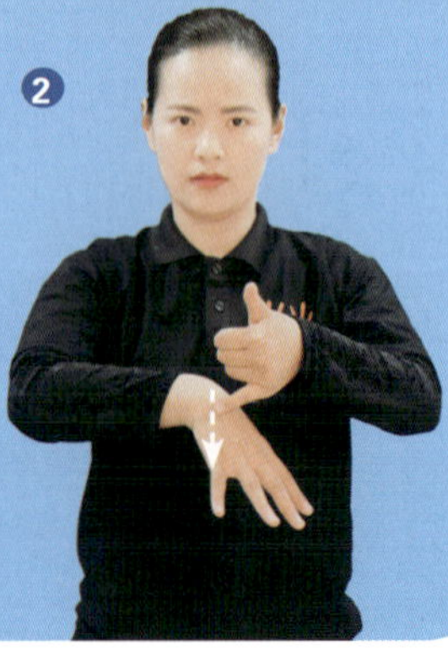

便血

①便：同“腹泻”手势②。
②血：同“咯血”手势②。

1

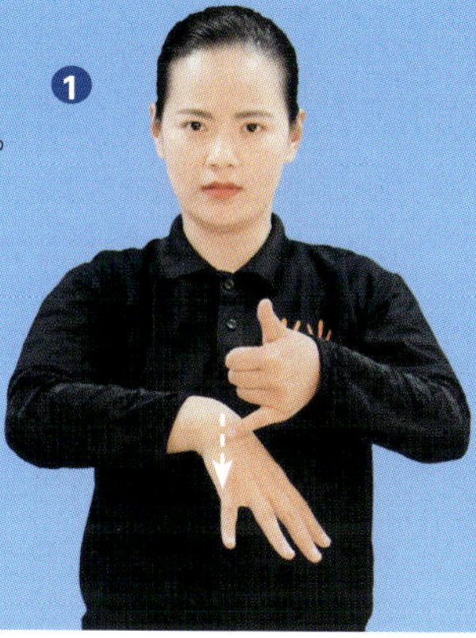

2

失眠

①睡眠：一手手掌贴于脸部，头微侧，闭眼。
②丢失：右手伸小指，指尖朝左，向下一甩。

1

2

第八句：先测一下体温。37.5 °C，发烧。这样有几天了？

手语：测一下体温。\37.5 °C，\ 发烧。发烧 \ 几天了？

测一下体温

一手食指置于腋下如夹体温计状。

37.5 °C

发烧

一手按于前额，然后移至头边，五指微曲，指尖朝上，上下微动两下。

几天了？

第九句：解开外衣检查一下。深呼吸。

手语：外衣 \ 解开 \ 检查。\ 深呼吸。

外衣

① 外：同“外科”的手势①。
② 衣：一手拇指、食指揪两下胸前衣服。

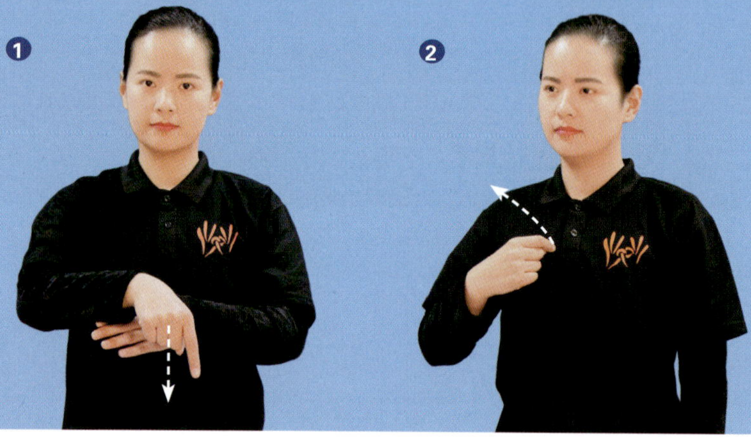

解开

① 解：双手五指微曲，指尖朝下，指背相对，向两侧移动一下。
② 开：双手并排直立，掌心朝外，然后向内转动 90 度，掌心相对。

检查

双手拇指、食指、中指相捏，指尖朝下，上下交替动两下。

呼吸

① 呼：一手五指撮合，手背靠近鼻孔，边向外移动边放开五指。
② 吸：一手五指张开，掌心朝外，边向鼻部移动边合拢五指。

1

2

第十句：躺在床上。翻身。

手语：床＼躺。＼翻身。

床

双手食指、小指直立，中指、无名指与手掌成直角，指尖相触，拇指自然弯曲，仿“床”的形状。

躺

左手横伸；右手伸拇指、小指，手背贴于左手掌心。

翻身

左手横伸；右手伸拇指、小指，手背贴于左手掌心。再翻动一下。

知识链接

手语往往把主题词和重点词提前，与现代汉语的词序相比较就形成了颠倒。颠倒是手语句子的一个特点。如第一课中的“不要客气”，手语是“客气＼不要”。本课中的“哪儿不舒服”“解开外衣”“躺在床上”，手语分别是“不舒服＼哪儿”“外衣＼解开”“床＼躺”。手语颠倒主要有主谓颠倒，动宾颠倒，修饰与被修饰的颠倒，肯定、否定与被肯定、被否定的颠倒，疑问句颠倒，等等。

第十七课　就医（二）

本课学习有关“就医”方面的 9 个句子。

第一句：请到二楼化验室抽血化验。

手语：抽血 \ 化验 \ 到 \ 二楼 \ 化验室。

抽血

① 抽：左手臂微曲；右手五指张开，手背贴于左手肘部内侧，然后边向手腕部移动边撮合五指。
② 血：同“咯血”的手势②。

化验

双手虚握，互相重叠贴于眼部，头微低，然后双手交错微微转动，如化验时用显微镜观察状。

到

二楼

化验室

① 化验。
② 室：双手搭成“∧”形。

第二句：请到放射科透视（做彩超检查、做心电图检查）。

手语：透视 \ 到 \ 放射科。

透视

双手食指搭成“×”形，在胸前转一圈。

到

放射科

① 放射：同“透视”的手势。
② 科。

词汇拓展：彩超

① 一手直立，五指分开，掌心朝内，在嘴唇处交替点动几下。
② 一手拇指与其余四指成“∩”形，指尖朝内，在腹部随意移动几下，仿做 B 超检查状。

词汇拓展：心电图

① 双手拇指、食指搭成心形，手背朝外，贴于心脏部位。
② 左手拇指、食指成"コ"形，虎口朝内；右手伸食指，指尖朝前，在左手"コ"形内从左向右划曲线。

第三句：你感冒了，我给你开了药方，回家按时吃药，饭后温开水服用，每天三次，每次四片。

手语：你 \ 感冒，\ 药方，\ 回家 \ 按时 \ 吃药，\ 饭后 \ 温开水 \ 服用，\ 每天 \ 三次，\ 每次 \ 四片。

你

感冒

一手食指、中指指尖在鼻孔处捏一下再向下一甩，如感冒擤鼻涕状。

药方（处方）

① 药（服药、吃药）：口张开，一手拇指、食指捏成小圆形，从口部移向喉部，如吃药片状。
② 方：双手拇指和食指指尖相抵搭成方形。

回家

按时（如期）

① 按：双手平伸，掌心朝上，左手不动，右手向左手移动并相碰。
② 时：左手侧立；右手伸拇指、食指，拇指指尖抵于左手掌心，食指向下转动。

吃药

饭后

温开水

① 温：同“气温”的手势②。
② 开：双手食指、中指搭成“开”字形。
③ 水。

每天（天天）

一手食指直立，在太阳穴处反复向外划动两下。

三次

每次

四片

① 四。
② 片：一手拇指、食指捏成小圆形，虎口朝上。

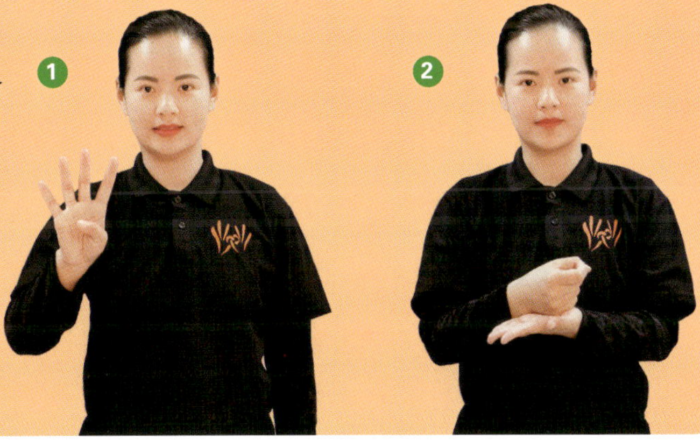

第四句：先去交费，再到药房取药。

手语：先＼交费，＼再＼药房＼取药。

先

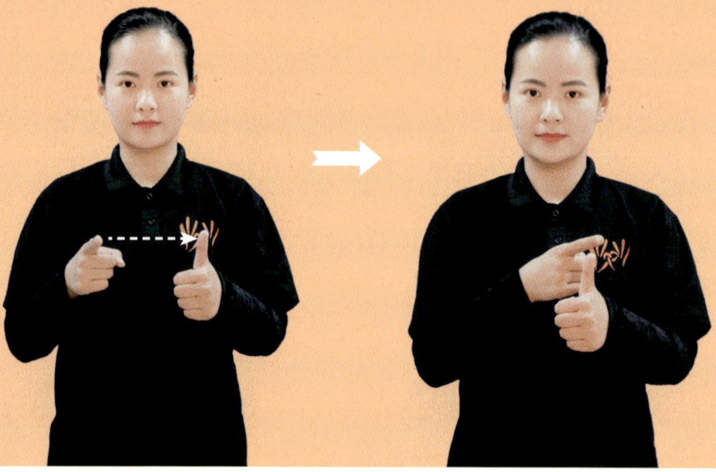

交费

① 交：双手平伸，掌心朝上，向前伸出。
② 费（钱）：左手拇指、食指捏成圆形，虎口朝上；右手伸食指，敲一下左手拇指。

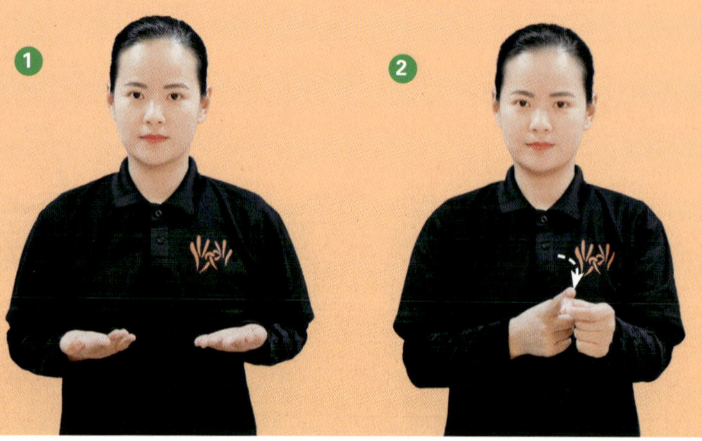

再

药房

① 药：同“药方”的手势①。
② 房：双手搭成“∧”形。

取药

①取（拿）：一手五指张开，指尖朝下，边向上移动边握拳，如拿东西状。
②药：同“药方”的手势①。

1

2

第五句：你需要打针，先到注射室做皮试。

手语：打针，\ 先 \ 到 \ 注射室 \ 皮试

打针（注射）

右手拇指、食指、中指在左臂上做注射动作。

先

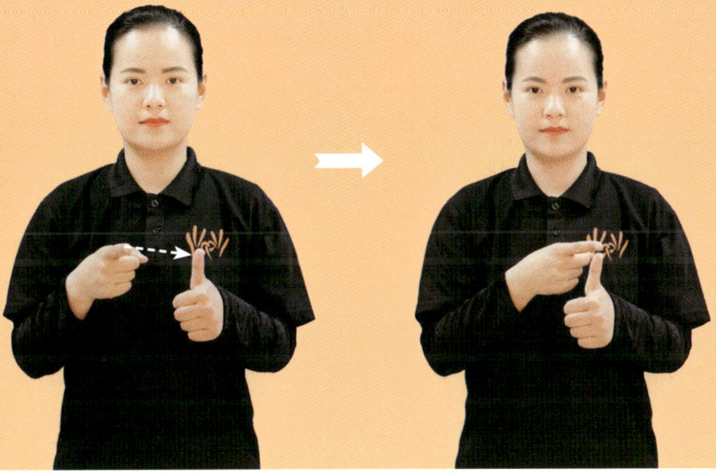

到

注射室

皮试

① 左手平伸，掌心朝上握拳；右手食指在左手手腕处扎一下，模仿打皮试针的动作。
② 一手伸拇指、小指，指尖朝上，拇指置于鼻翼处，小指弯动一下。

第六句：20 分钟以后让护士看一看，再肌肉注射（静脉注射）。

手语：时间\20 分钟，\来\护士\看，\肌肉注射（静脉注射）。

时间

20 分钟

来

护士

一手拇指、食指搭成“十”字形，置于左上臂外侧。

看看（看）

一手中指、食指分开，指尖朝前，从眼部向前一指。

肌肉注射（静脉注射）

① 肌肉：左手握拳屈肘；右手五指捏一下左上臂肌肉处。
② 注射。

静脉注射（输液）：左手平伸，右手伸食指，指尖朝下，在左手手背处向下点动两下。

第七句：以后每天来打针，相隔时间不要超过 24 小时。

手语：以后＼每天＼来＼打针，＼相隔＼时间＼超过＼24 小时＼不行。

以后

每天

来

打针

相隔（隔开）

左手直立，掌心朝内；右手侧立于左手中指、无名指指缝中，并向两边做分开的动作。

时间

超过

双手食指直立，左手不动，右手向上动一下。

24 小时

不行

右手伸小指，指尖朝左，向下甩动一下，表示自身条件不允许的意思。

第八句：他需要住院治疗。病房在一号楼 20 层，请到住院部办理住院手续。

手语：他＼住院。＼病房＼一号（楼）＼楼层＼20，到＼住院部＼办理＼住院＼手续。

他

住院

① 住。
② 院：一手拇、食指搭成“十”字形置于前额，再双手搭成“∧”形，即“医院”。

病房

① 病：左手平伸，掌心朝上；右手五指并拢，食指、中指、无名指指尖按于左手手腕的脉门处。
② 房。

一号（楼）

楼层

左手握拳，手背向外；右手五指张开，手背向外，向下碰一下左手虎口后向上移动。

20

到

住院部

办理

住院

手续

①左手横伸，掌心朝下；右手拍一下左手手背。
②一手握拳，手背朝外，依次横伸出食指、中指、无名指、小指。

第九句：你需要做手术。

手语： 手术（朝向需要做手术的人）。

手术

左手伸拇指、小指，指尖朝上；右手食指、中指并拢，指尖朝下，在左手上划动两下。

第十句：出院后，在家要继续吃药，要定期来门诊部检查。如果有不良反应，就来找医生。

手语： 医院 \ 出 \ 后，\ 在 \ 家 \ 继续 \ 吃药 \ 要，\ 定期 \ 来 \ 检查，\ 不良反应 \ 有，\ 就 \ 来 \ 找 \ 医生。

医院

出

后

在

家

继续（一直 / 进行）

双手伸食指，指尖斜向相对，同时向斜下方移动。

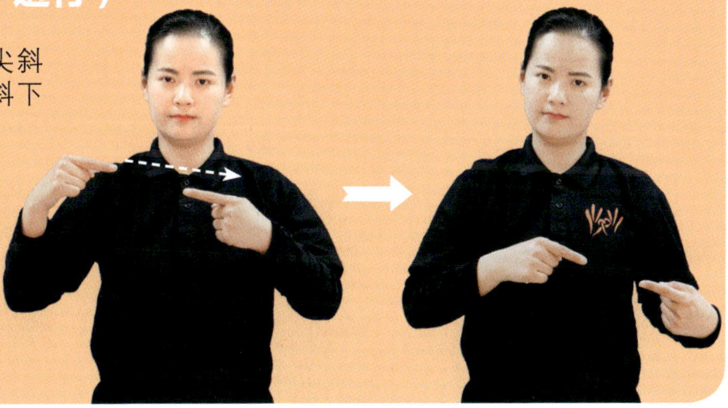

吃药

要

定期

① 定：左手横伸；右手五指撮合，指尖朝下，按于左手掌心。
② 期：双手直立，掌心左右相对。

来

检查

不良

反应

① 右手直立，掌心向左，五指并拢，置于头前，然后手腕向左微转一下。
② 一手食指抵于太阳穴处，头同时微抬。

1

2

有

就

来

找

医生

知识链接

汉语中，以动词“有”作谓语的“有”字句，手语往往把“有”或“没有”放在最后。如第九句中的“如果有不良反应”，手语是“如果＼不良反应＼有”。再如第十三课第六句中的“邻居有困难”，手语是“邻居＼困难＼有”。

第十八课　交通（一）

本课学习有关“交通”方面的 11 个句子。

第一句：这个城市有公共汽车、电车、地铁、轨交，市内交通四通八达，非常方便。

手语：这 \ 城市 \ 公共汽车、\ 电车、\ 地铁、\ 轨交 \ 有，\ 市内 \ 交通 \ 四通发达，\ 非常 \ 方便。

这

城市

双手食指直立，指面相对，边弯动边由中间向两侧移动。

公共汽车

电车

左手食指、中指横伸并分开；右手食指、中指直立并分开，指尖抵于左手食指、中指，并向前移动。

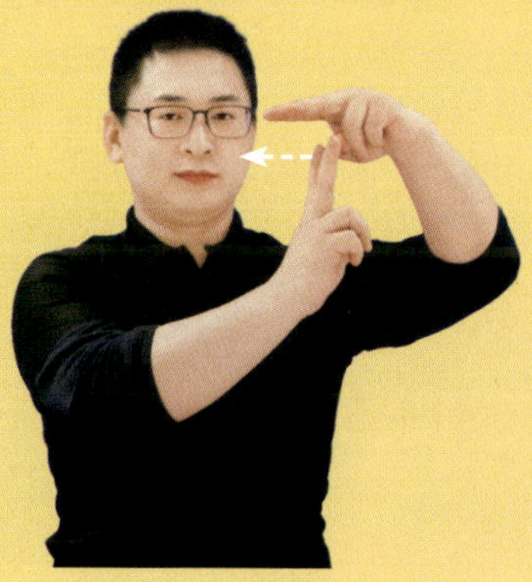

地铁

轨交

左手食指、中指分开，指尖朝前，手背向上；右手食指、中指弯曲，指尖抵于左手食指、中指上，并向前移动，如火车行驶状。

有

市内

① 市：同“城市”的手势。
② 内：左手横立，掌心朝内；右手食指直立，在左手掌心内由上而下移动一下。

交通

四通八达

① 四：一手食指、中指、无名指、小指直立并分开。
② 通：双手食指横伸，指尖相对，由两侧向中间交错移动。
③ 八：一手伸拇指、食指，手背朝内（或朝外）。
④ 达（到、到达）：一手伸拇指、小指，向前做弧形移动，然后向下一顿。

1

2

3

4

非常方便

手势同“方便”，动作力度、幅度加大，频率加快。

第二句：这里有通往全国及世界各地的火车、飞机。水路还有轮船。

手语：这里 \ 火车、\ 飞机 \ 有，\ 水路 \ 轮船 \ 有，\ 通往 \ 全国 \ 和 \ 世界 \ 各地。

这里

同“这”的手势。

火车

同“轨交”的手势。

飞机

一手伸拇指、食指、小指，掌心朝下，向前上方做弧形移动。

有

水路

① 水：一手横伸，掌心朝下，向一侧做波纹状移动。
② 路：双手侧立，掌心相对，同时向前移动一下。

轮船（船）

双手斜立，指尖相抵，向前移动，如船向前行驶。

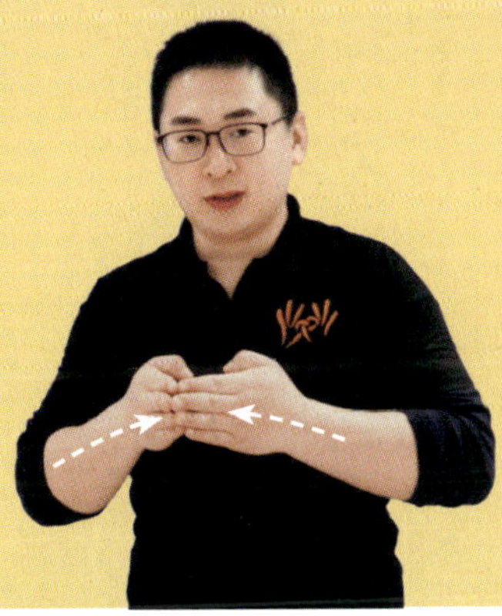

有

通往

① 通：同“四通八达”手势②。
② 往（去）：同“去”的手势。

全国

① 全：同“都”的手势。
② 国：一手打手指字母“G”的指式，并顺时针平行转动一圈。

和

世界（国际、全球）

左手握拳，手背朝上，右手五指微曲，从后向前绕左拳转动半圈。

各地

① 各：同“每次”的手势①。
② 地：一手食指指尖朝下一指。

第三句：有后天去北京的火车票吗？

手语：后天 \ 去 \ 北京 \ 火车票 \ 有？

后天

头微偏，一手食指、中指抵于太阳穴处，然后向外移动，头转正表示睡觉后过了两天，引申为后天。

去

北京

火车票

① 火车。
② 票：双手拇指、食指分开，指尖相对，虎口朝上，从中间向两侧微移。

有？

第四句：有。高铁、动车、直达特快、快车的票都有。

手语：　高铁、\ 动车、\ 直达特快、\ 快车 \ 都有。

高铁

左手食指、中指分开，指尖朝前；右手打手指字母“G”的指式，指尖朝左，从左手手背向指尖方向移动。

动车

左手食指、中指分开，指尖朝前；右手五指撮合成尖形，手背拱起，从左手手背向指尖方向快速移动。

“动车”的另一种打法：一手拇指与其余四指张开成“コ”形，拇指在下，其余四指在上，指尖抵于嘴部，边向前移动边指尖并拢。仿动车外形特点。

直达特快

① 直：一手侧立，向前移动一下。
② 达：同“四通八达”的手势④。
③ 特：同“特点”的手势①。
④ 快：右手拇指、食指相捏成小圆圈，从右向左快速划动。

1

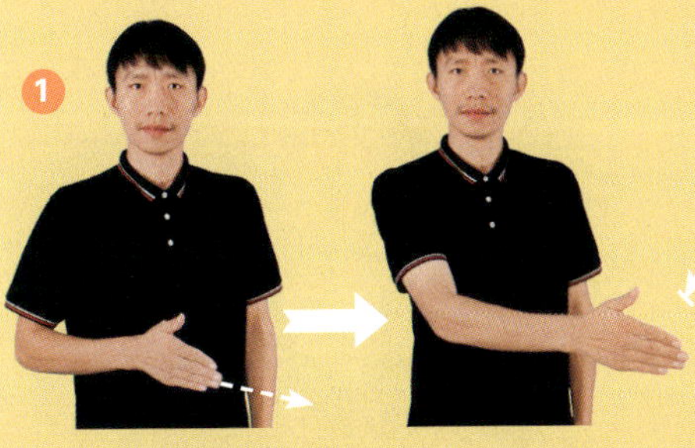

2

3

4

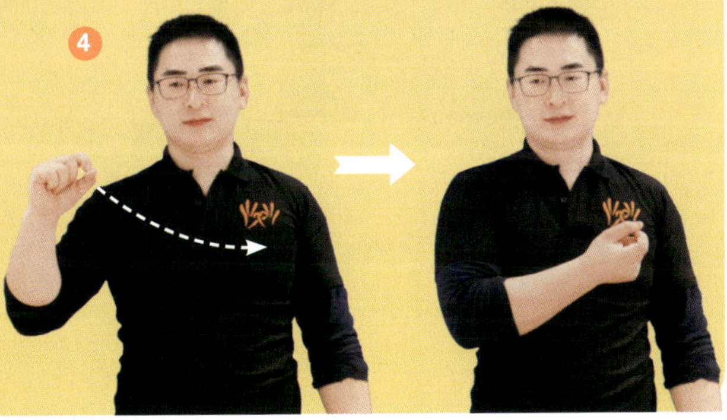

快车

① 快：同“直达特快”的手势④。
② 车：同“火车”的手势。

都有

第五句：我买两张后天上午 10 点去北京的高铁车票。

手语：后天 \ 上午 \10 点 \ 去 \ 北京 \ 高铁票 \ 我 \ 买 \ 两（张）。

后天

上午

一手食指直立，其他四指握拳，然后边向上移动边张开。

10 点

① 10：一手食指、中指相叠直立。
② 点：左手侧立；右手伸拇、食指，拇指指尖抵于左手掌心，食指向下转动。

去

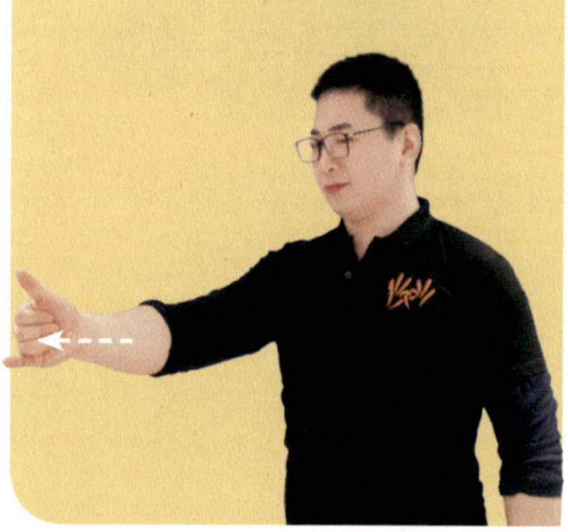

北京

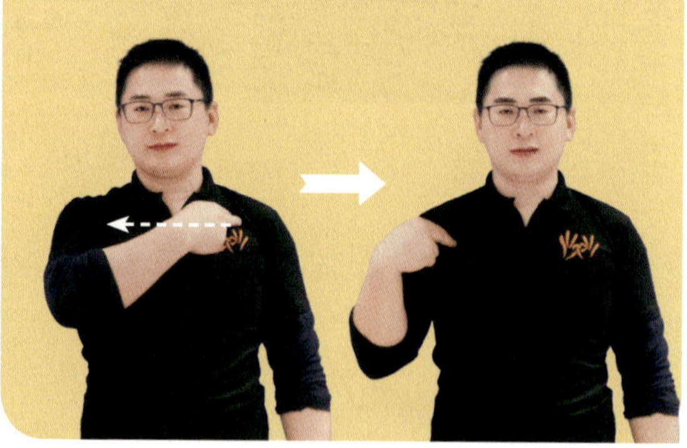

高铁票

我

买

两（张）

第六句：票价两张共 486 元，请出示身份证购票。

手语：票 \ 两（张）\486（元），\ 身份证。

票

两（张）

486（元）

身份证

一手握拳，虎口朝上，置于头的一侧，然后依次横伸食指、中指、无名指、小指。
“身份证”的另一种打法：
① 身份：左手伸拇指、小指，手背朝外；右手拇指、食指张开，指尖对着左手，向下移动两下。
② 证：左手横伸，掌心朝上；右手握拳，虎口朝上，按向左手掌心，如盖印状。

第七句：你给我 500 元，找你 14 元。

手语：给 \500（元），\ 找 \14（元）。

“给”的方向是“我”，“我”可省略。“找”也是如此。

给

500（元）

找

14（元）

第八句：请拿好车票和身份证到检票口检票，然后到候车大厅候车。

手语：车票＼身份证＼拿好＼到＼检票口＼检票，＼然后＼到＼候车＼大厅＼候车。

车票

身份证

拿好

到

检票口

① 检：同“检查”的手势。
② 票。
③ 口。

然后

一手直立，掌心向前移动一下。

到

候车

① 候：一手横伸，手背贴于颏下不动。
② 车：同“火车”的手势。

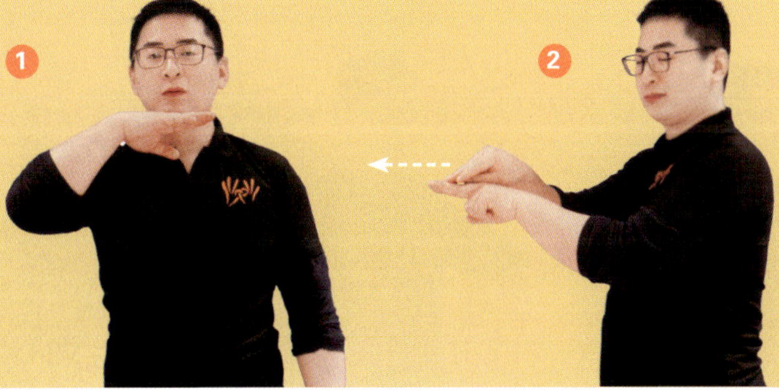

大厅

① 大：双手侧立，掌心相对，同时向两侧移动。幅度要大些。
② 厅：左手拇指、食指成“厂”字形；右手食指在“厂”字形中书空“丁”字形，仿“厅”字形。

候车

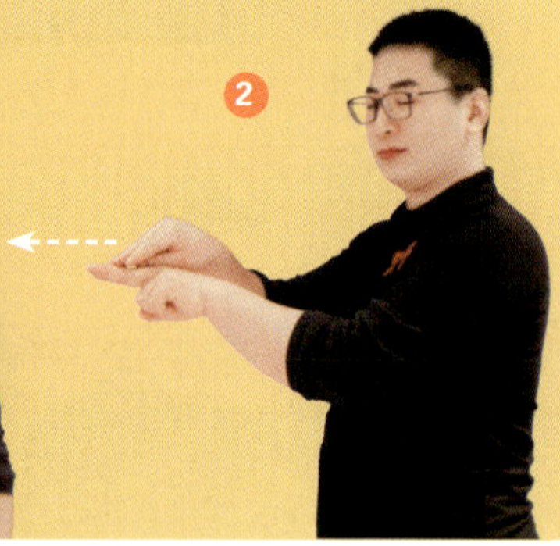

第九句：在哪里办理行李托运？

手语：行李 \ 托运 \ 办理 \ 哪里？

行李

一手虚握，手臂伸直，置于身后，然后向前拉动，模仿拉行李箱的动作。

托运

双手食指相勾，边从左下方向右上方移动边松开。

办理

哪里?

第十句：有残疾人证可以优先检票进站。

手语：残疾人证＼有，＼检查＼票＼优先。

残疾人证

① 残疾：双手横伸，交替在对侧上臂划一下。
② 人。
③ 证：左手横伸，掌心朝上；右手虚握，虎口朝上，在左手掌心上砸一下，如盖章状。

有

检查

票

优先

左手伸拇指；右手伸食指，碰两下左手拇指指尖。

知识链接

“车”的手势打法是：双手握空拳，手背朝上，向前推一下。手语一般不单打“车”这个手势，只打“汽车”“火车”等手势。“车票”这个手势也是打成“汽车 + 票”“火车 + 票”“动车 + 票”“高铁 + 票”等。“候车室”，如果是火车候车室，就打成“候 + 火车 + 室”；如果是汽车候车室，就打成“候 + 汽车 + 室”等。

手语可以根据语境和环境省略到最简单的表达方式。如“我可以帮你去办”可以省略到只打“帮”一个手势。打“帮”的手势时朝向对方就表明“我帮你”，也表明“可以”帮你。若根据场景是“去办理行李托运”，那么“去办”也可以省略，只朝向对方打个“帮助”的手势即可。

第十九课　交通（二）

本课学习有关“交通”方面的 11 个句子。

第一句：我预订两张下周一去上海的机票。

手语：我 \ 预订 \ 下周一 \ 去 \ 上海 \ 机票 \ 两（张）。

我

预订

①预：双手直立，手背前后相贴，左手在前不动，右手向后移动。
②订：双手拇、食、中指相捏，指尖朝下，一前一后，同时向下一顿。

下周一

① 下：一手伸食指向下一指。
② 周一：左手直立，掌心朝外；右手食指直立（即数字“一”），移向左手掌。

去

上海

双手握拳，小指一上一下互相勾住。

机票

① 机：同“飞机”的手势。
② 票：同“火车票”的手势②。

两（张）

第二句：你想要普通舱还是豪华舱？

手语：普通舱？ \ 豪华舱？

普通舱

①普通：左手横伸；右手平伸，掌心向下，在左手手背上向右摸两下。
②舱：双手搭成“∧”形。

豪华舱

①豪：双手伸拇指，在胸前向上一挑。
②华：同“花”的手势。
③舱：同“普通舱”手势②。

第三句：请把身份证给我。

手语：身份证 \ 给我。

身份证

给我

一手五指虚握，掌心朝上，边朝内移动边张开五指。

第四句：请在飞机起飞前 1 小时到达机场。

手语：飞机 \ 起飞 \ 之前 \1 小时 \ 到 \ 机场。

飞机

起飞

右手伸拇、食、小指，掌心朝下，置于左手掌心上；然后右手向前上方做弧形移动，仿飞机起飞状。

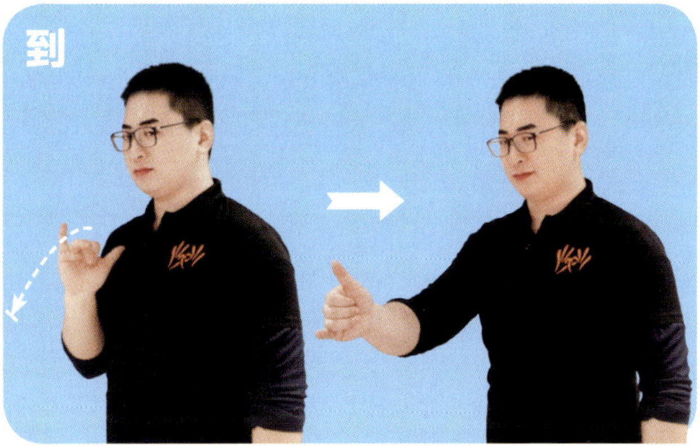

第五句：飞机能准时起飞吗？

手语：起飞＼准时？

“飞机起飞”只打个“起飞”的手势即可。因为“起飞”的手势里已表明了是飞机起飞。

准时?

① 准：左手食指直立；右手侧立，指尖对准左手食指。
② 时：左手侧立；右手伸拇、食指，拇指指尖抵于左手掌心，食指向下移动一下。

第六句：由于天气原因，飞机可能晚点。

手语：天气＼不好，＼飞机＼晚点＼不一定。

手语表达要直白。该句“由于天气原因”不够直白，不如直接说明是“天气不好”或“台风”“暴雨”“大雪”等。

手势“可能”与“可以”“能”的打法一样。“可能”在这个句子里显得不够确切，不如用“不一定”容易理解。

天气

不好

飞机

晚点

① 左手侧立；右手五指伸出，拇指指尖抵于左手掌心，其他四指向下转动一下。
② 左手横伸，五指虚握，手背朝上；右手食指指一下左手腕部。

不一定

左手横伸；右手五指撮合，先按向左手掌心，再直立，掌心向外，左右摆动几下，面露疑问的表情。

第七句：915 班机开始登机了。

手语：915\ 登机 \ 开始。

915

登机

左手伸拇指、食指、小指，指尖朝前，手背向上；右手伸拇、小指，指尖朝左，从右向左移至左手掌心下。

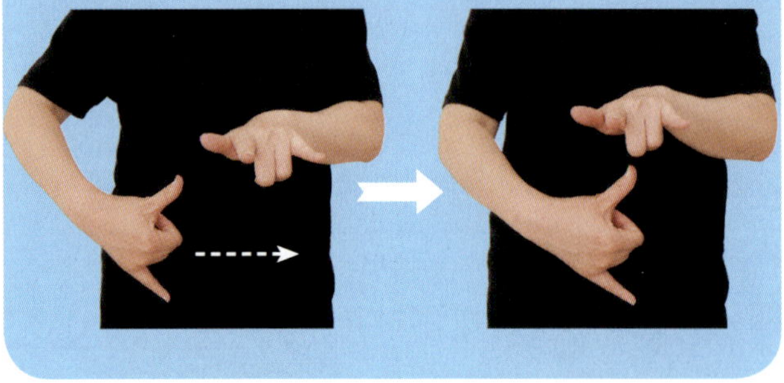

开始

双手平伸，掌心朝上，同时向两侧斜上方移动。

第八句：请出示机票和身份证。

手语：机票＼身份证。

第九句：飞机起飞了，要系好安全带。

手语：起飞，\ 安全带。

起飞

安全带

双手食指、中指弯曲，从两侧向中间移动并相互咬合。

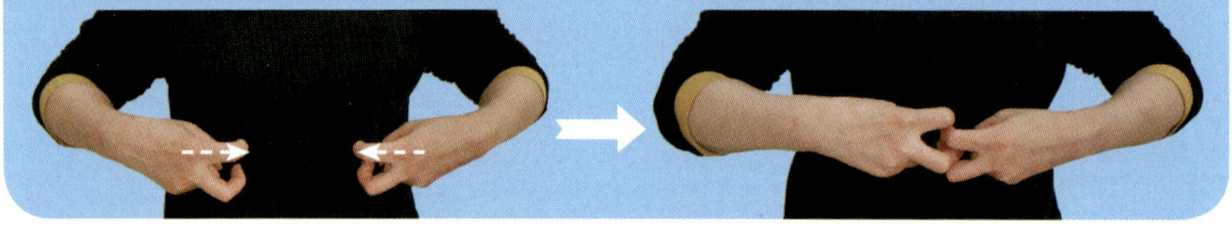

第十句：20 分钟后飞机就要着陆了。

手语：20 分钟 \ 着陆。

20 分钟

着陆

左手横伸；右手伸拇指、食指、小指，掌心朝下，由上而下移至左手掌心，仿飞机着陆状。

第十一句：飞机安全停止之前请不要离座。

手语：飞机＼停＼没有，＼离座＼不。

飞机

停

左手横伸，掌心朝下；右手直立，掌心朝左，指尖抵于左手掌心。

没有

离座

①座（座位）：左手横伸；右手伸拇指、小指，置于左手掌心上，然后向右移动。
②离（离开）：左手侧立，掌心向右，五指微曲；右手食指直立，从左手旁向右移动。

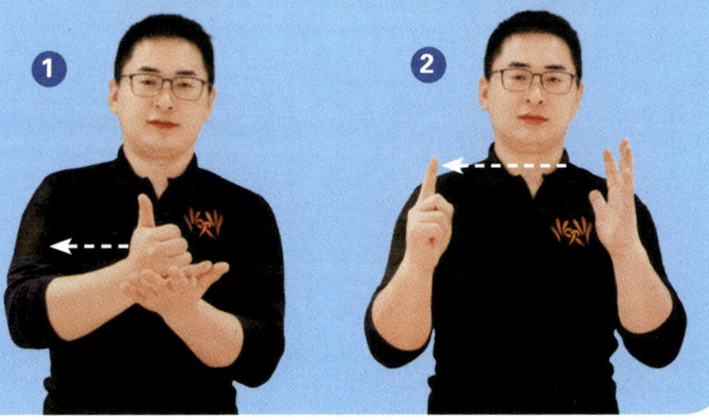

不

知识链接

手语中，有些词语有两种不同的打法，有的甚至有几种不同的打法，这叫“一义多形”。如本课第一句中“预订”的另一种打法是：①左手伸拇指；右手伸食指，碰一下左手拇指。②订：双手拇指、食指、中指相捏，指尖朝下，一内一外向下一顿。再如，“自行车”“没有”“钱”等都有两种甚至多种打法。

第二十课　住宿

本课学习有关“住宿”方面的 14 个句子。

第一句：两位先生要住宿吗？

手语：住宿吗？

打“住宿吗？”的手势时，脸部要有疑问的表情，同时显示“吗”的口型。

住宿吗？

同“住”的手势。

第二句：是，还有房间吗？

手语：房间 \ 有？

房间

有？

第三句：有。单人间、标准间、豪华间都有。

手语：单人间∖标准间∖豪华间∖都有。

单人间

① 单：一手食指直立，贴于胸前，同时向上微微一动。
② 人。
③ 间：同“房间”的手势。

标准间

① 标准：左手食指直立；右手侧立，指尖对准左手食指。
② 间：同“房间”的手势。

第四句：你们想住什么房间？

手语：你们＼想＼住＼什么＼房间？

想

住

什么

房间

第五句：标准间一天多少钱？

手语：标准间＼一天＼钱＼多少？

标准间

第六句：一天 120 元，有空调、电视，24 小时供应热水。

手语：一天 120 元，\ 空调、电视 \ 有，\ 热水 \24 小时 \ 有。

空调

左手横立，五指分开；右手平伸插入左手食、中指指缝，五指交替点动。

电视

左手伸拇指、食指，手背朝外，食指指尖朝右；右手横立，五指张开，在左手食指上上下晃动两下。

有

热水

24 小时

第七句：我们住标准间。

手语：标准间。

第八句：请先出示身份证，办理住宿登记。

手语：身份证，\ 登记。

登记

左手横伸，右手伸中指、无名指、小指，指尖朝下，在左手掌心上点两下。

第九句：要住几天？

手语： 住＼几天？

住

几天？

第十句：暂定三天吧。

手语： 三天。

三天

第十一句：好的，请先交 300 元押金。

手语：300（元）\ 押金 \ 先 \ 交。

300（元）

押金

① 押：左手伸拇指；右手拇、食指成半圆形，从上向下套左手拇指。
② 金：同“钱”的手势。

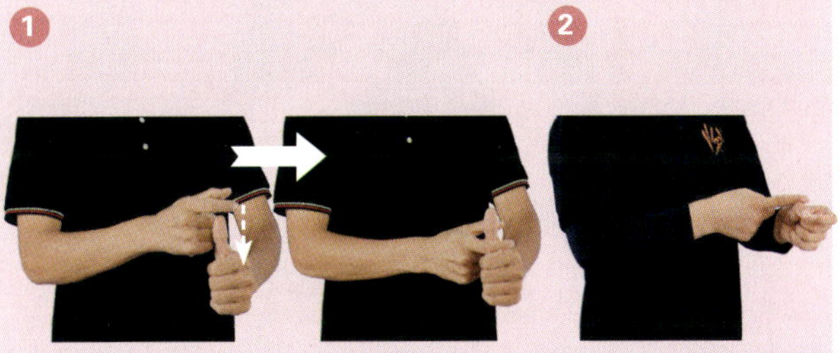

先

交

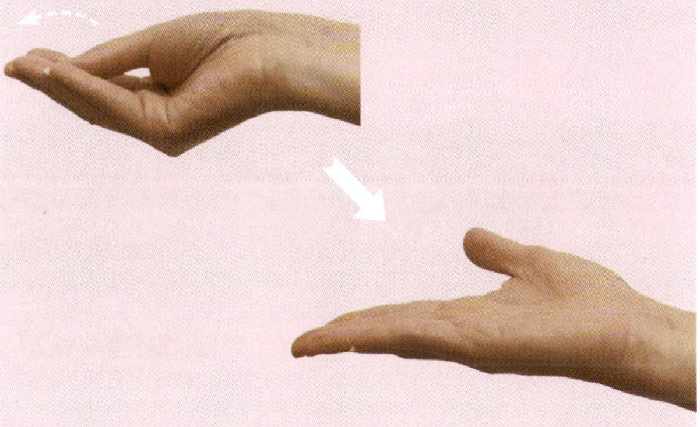

第十二句：请拿好房卡，有事就找楼层服务员。

手语：房卡 \ 拿好，\ 有事 \ 找 \ 楼层 \ 服务员。

有事

找

楼层

服务员

①服务：右手横立，掌心向内，在左胸部向上划动两下。
②员：右手拇指、食指捏成圆形，虎口朝内，贴于左胸部。

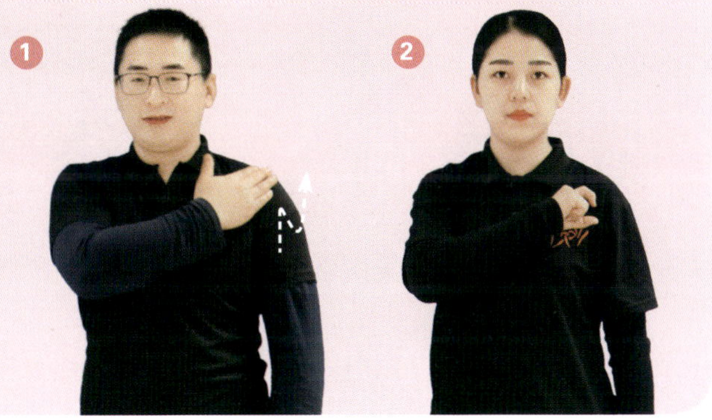

第十三句：这不是你的行李吗？贵重物品可以交前台保管。

手语：这（指行李）\ 你的？ \ 贵重 \ 物品 \ 可以 \ 交 \ 服务台 \ 保管。

这

你的？

贵重

① 贵：左手横伸；右手拇指、食指相捏，边砸向左手掌心边张开。
② 重：双手平伸，掌心朝上，同时向下一顿。

物品

① 物：同“东西”的手势。
② 品：同“产品”的手势②。

可以

交

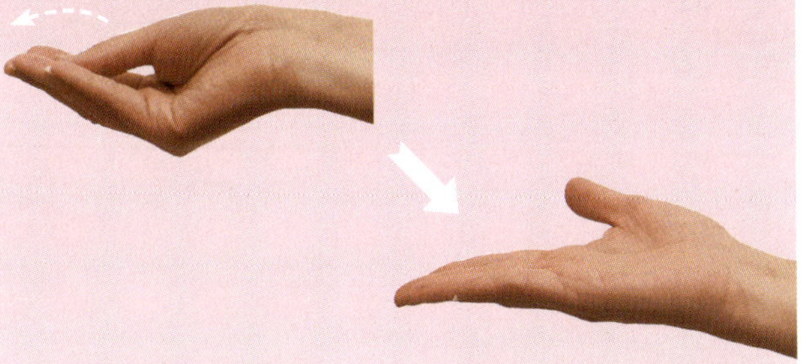

服务台

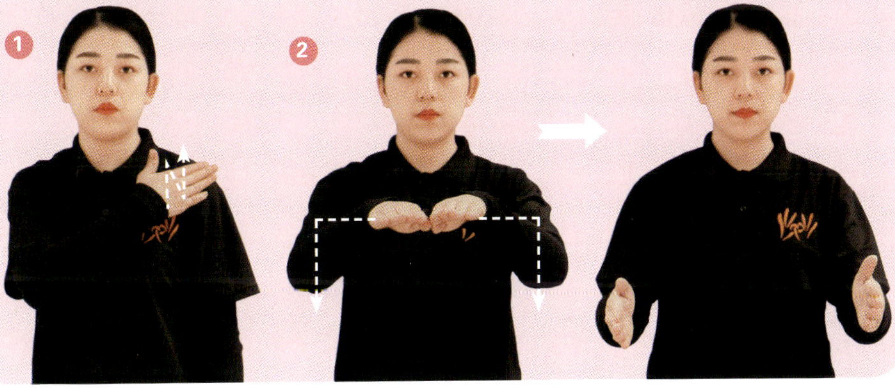

保管

① 双手横伸，掌心朝下，右手先拍一下左手手背，再向下一按。
② 右手五指微曲，指尖朝内，按于左肩。

第十四句：餐厅在二楼。

手语：餐厅 \ 二楼。

知识链接

口语中的反问句一般不适用于手语，这是由视觉语言的特点所致。例如：口语中的“这不是你的行李吗？”这个反问句，手语应该用陈述句“这是你的行李”表示。这是因为反问句所表示的意义和它的形式正相反，就是用疑问句的句式表达肯定的观点。反问句表面上看来是疑问的形式，但实际上表达的是肯定的意思，这在视觉上往往会引发误会，把“这不是你的行李吗？”看成“这不是你的行李”。

“这不是你的行李吗？”这个反问句，手语也可用疑问句“这是你的行李吗？”表示，即“这（指行李）\ 你的？”

第二十一课　就餐

本课学习有关“就餐”方面的 13 个句子。

第一句：欢迎光临！你们有几位？

手语：欢迎 \ 光临！ \ 几位？

欢迎

光临

几位？

词汇拓展：位置（位）

左手横伸；右手伸拇指，置于左手掌心上，表示人的地位或职位。

第二句：九个人，有包间吗？

手语：九，\ 包间 \ 有？

九

包间

①包：左手握拳；右手手背拱起，从上向下绕左拳转动半圈。
②间：双手搭成“∧”形。

①

②

有？

第三句：有。请跟我来。

手语：有。\ 跟我 \ 来。

“跟”是一个方向性手势，有“跟你”“跟我”“跟他”之分。

第四句：这个房间可以吗？

手语：这 \ 可以吗？

这

可以吗？

第五句：可以。再加一把椅子，一套餐具。

手语：可以。\ 加 \ 椅子 \ 一，\ 餐具 \ 一。

可以

加

左手侧立，右手拇指、食指捏成圆形，虎口贴向左手掌心。

椅子

左手直立，掌心朝右；右手食、中、无名、小指弯曲与左手掌成直角，指尖抵住左手掌心，仿椅子形状。

一

餐具

①餐：同“吃、吃饭”的手势。
②具：同“东西、材料”的手势。

1

一

2

第六句：喝什么茶？

手语：茶＼什么？

回答喝什么茶时，“绿茶、花茶、红茶、菊花茶”只打手势“绿、花、红、菊花”即可，“茶”的手势可省略。

茶

什么？

第七句：这是菜谱，请点菜。

手语：菜谱，\ 点菜 \ 请。

菜谱

①菜：一手五指撮合，指尖朝上，边向上微移边张开。
②谱：左手横伸，掌心朝上；右手伸中、无名、小指，指尖在左手掌心上从上向下点两下。

点菜

①点：左手横伸；右手食指指尖在左手掌心上点一下。
②菜：同“菜谱”的手势①。

请

第八句：有特色菜吗？

手语：特色菜＼有？

特色菜

①特：同“特点”的手势①。
②色：一手直立，掌心朝内，五指张开，指尖在唇部交替点动。
③菜。

①

③

②

有？

第九句：菜里不要放辣椒。

手语：辣椒 \ 不要。

辣椒

①一手伸拇指、食指，食指指尖朝上，拇指指尖碰两下颏部。
②左手小指指尖朝下；右手拇指、食指张开，在左手小指指尖处边向下移动边捏合，仿辣椒外形。

不要

第十句：请拿餐巾纸来。

手语：餐巾纸 \ 拿来。

餐巾纸

①一手五指撮合，擦两下脸颊。
②双手拇指、中指相捏，指尖朝下，微微抖动两下。

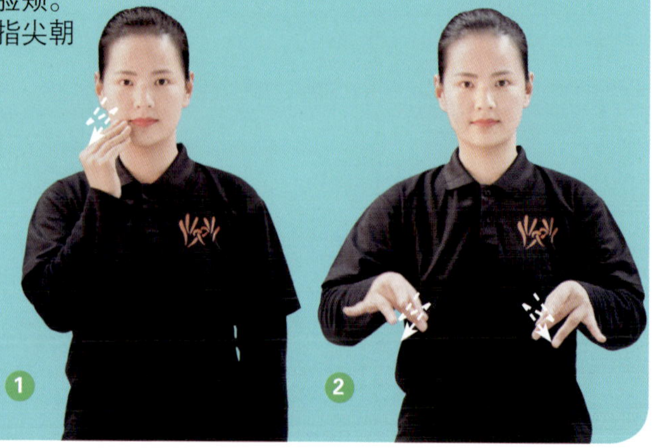

拿来

第十一句：洗手间在哪里？

手语：洗手间 \ 哪里？

洗手间

①洗手：双手互搓，如洗手状。
②间：同“房间”的手势。

哪里?

词汇拓展：卫生间

一手拇、食指弯曲，其他三指直立，掌心向前，左右摇晃。

第十二句：请结账。

手语：结账。

结账

同“交款”的手势。

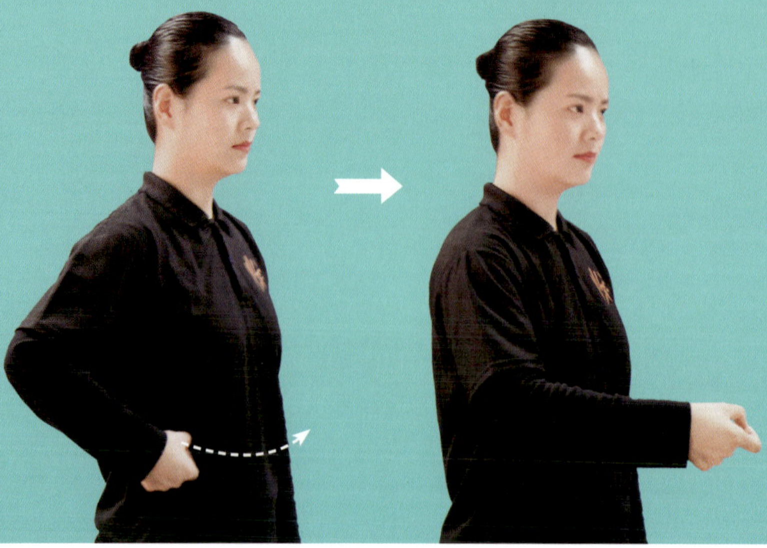

第十三句：一共 568 元。

手语：钱 \ 568（元）。

知识链接

本课中“椅子”的手势是用双手模仿椅子的形状。这种用手的动作模仿事物的形状、动态、特征，来表示某种意思、概念的手势，叫“象形手势”。再如第七课中的“绘画”，第十六课中的“床”，第十二课中的“牛”，等等。形象的表演也属于这类手势。

第四课已经讲过，在手语中往往把量词省略掉，如“一张桌子”，手语是“桌子 \ 一”；“一双鞋”，手语是“鞋 \ 一”。所以本课中的“一把椅子”“一套餐具”，手语分别是“椅子 \ 一”“餐具 \ 一”。

第二十二课　银行

本课学习有关“银行”方面的 11 个句子。

第一句：请取号等候，注意窗口显示屏上叫你的号。

手语：取号 \ 等候，\ 看 \ 显示屏 \ 你 \ 号。

这句话只要指一指取号机和显示屏即可。

取号

等候

看

显示屏

①一手横立，掌心朝内，五指张开，在面前上下晃动几下。
②双手拇指、食指张开，指尖相对，在面前向两侧拉开。

第二句：你办理什么业务？（存款还是取款？）

手语：存款？ \ 取款？

去银行办事，工作人员一般会问：“你办理什么业务？”这句话并不适于问聋人。可以问聋人：“存款还是取款？”手语只打“存款？取款？”即可。

存款（储蓄）？

左手横伸，掌心朝下；右手拇指、食指捏成圆形，虎口朝上，从后向前移入左手掌心下。

取款？

左手横伸，掌心朝下；右手拇指、食指捏成圆形，虎口朝上，从左手掌心下向后上方移出。

第三句：你存多少钱？

手语：存款＼多少？

存款

多少？

第四句：存定期还是活期？（死期？活期？）

手语：定期？＼活期？（死期？＼活期？）

聋人习惯把定期叫“死期”。在这里只打个“死”就知道是“定期”。同样，“活期”只打个“活”就可以。

定期

①定：左手横伸；右手五指撮合，指尖朝下，按于左手掌心。
②期：双手直立，掌心左右相对，表示一段时间。

活期

①活：一手食指直立，边转动手腕边向上移动。
②期：同“定期”的手势②。
“期”的手势也可打成“时间”。

词汇拓展：死

右手伸拇、小指，先直立，再向右转腕。

第五句：存多长时间？

手语：存款＼时间＼多少？

存款

时间

第六句：存 3 个月（半年）。

手语：3 个月。

3 个月：左手伸拇指、食指，虎口朝上，手背向外；右手伸中、无名、小指，指尖在左手虎口内划一下，然后直立，手背向外（表示 1 个月时，右手伸食指，指尖在左手虎口内划一下，然后直立，手背向外，以此类推）。

“3 个月”和“3 月”的打法要分清。“3 月”的打法是：左手中指、无名指、小指横伸分开，手背向外；右手伸食指，指尖朝前，在左手下向左一撇，表示“月”字的左边一撇。济南的“3 月”打法是：左手食指直立，掌心朝右；右手伸中指、无名指、小指，从左手食指指尖向下划一下。

词汇拓展：

半年

“年”的另一种打法是：双手抱拳。

第七句：你取多少钱？

手语：取款 \ 多少？

取款

多少？

第八句：请输入你的密码。再输入一次。

手语：密码。\ 再。

密码

①密：一手食、中指相叠，竖直贴于嘴部。
②码：同“号”的手势。

再

词汇拓展：输入

双手横伸，五指微曲，指尖上下相对，从外向内甩动两下。在这里做个仿输入密码的动作就可以，即一手伸食指，指尖朝前下方随意点几下。

第九句：我办个零存整取的存折。

手语：我＼办＼存折。

我

办

存折

①存：同“存款”的手势。
②折：双手横伸，掌心相贴，一上一下，然后上面的手向前翻开。

词汇拓展：

零存

①零：一手食指直立，向外移动两下。
②存：同“存款”的手势。

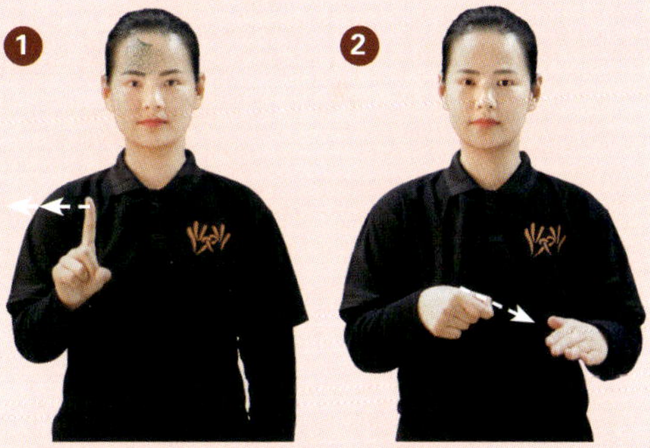

整取

①整：双手侧立，掌心相对，向下一顿。
②取：同“取款”的手势。

第十句：开户、挂失、定期存款提前取，要用本人身份证。

手语：开户 \ 挂失 \ 定期存款提前取，本人 \ 身份证 \ 要。

开户

①双手食指、中指分开，交叉搭成“开”字形，掌心朝外，然后向两侧打开，掌心朝斜上方。
②双手横伸，掌心相贴，然后做向上打开的动作 。

挂失

①挂：左手拇指、食指张开，虎口朝内；右手食指弯曲，挂在左手拇指上。
②失：一手虚握，向身后甩，同时五指张开。

定期存款

提前

双手直立，手背相贴，左手在前不动，右手向后移一下。

取

本人

右手食指直立，虎口朝内，贴向左胸部。

身份证

要

第十一句：挂失 7 天以后带着身份证来办理新存折。

手语： 挂失 \7 天 \ 以后 \ 带 \ 身份证 \ 来 \ 办 \ 新 \ 存折。

挂失

7天

一手打数字“七”的手势，在面前从左向右做弧形移动。

以后

带

身份证

来

办

新

存折

知识链接

指点（指示）是一手食指直接指点所要表达的人或物以及方位、部位等。如指一指自己是“我”，指一指对方是“你”，指一指侧方第三人是“他”；买东西时，指一指要买的具体实物；表示具体方位时，指一指“前、后、上、下”；表示人体具体部位时指一指“眼睛、耳朵、鼻子”等。本课中指一指取号机就是告诉你取号，指一指显示屏就是告诉你注意显示屏显示你的排号，等等。

第二课已经讲过，省略是手语句法的一个重要特征，再看本课第一句、第二句、第四句、第八句中典型的省略句，如果不按照手语句法表达，而按照汉语句法表达，表达得越详细，反而越让人看不明白。这是因为手语表达往往采用意会的方式。所谓“意会”，就是不经直接说明而能领会。所以手语表达求简、求明、求达意，不像汉语句子那样求结构完整。手语有的甚至需要联系上下语句及语境和环境才能理解其义。视觉语言的特点形成了手语的省略表达方式。

第二十三课　邮政

本课学习有关“邮政”方面的 11 个句子。

第一句：我寄包裹。

手语：包裹＼寄。

包裹

①双手先横立再侧立，表示包裹箱。
②双手食指相勾，边从左下方向右上方移动边松开。
（此手势既表示包裹的名词意思，又表示托运或邮寄包裹物品的意思）

寄

左手五指成“コ”形，虎口朝上；右手五指并拢，指尖朝下，插入左手虎口内，然后双手同时向外移动。
“寄（邮）”的另一种打法：左手横伸；右手食指、中指并拢，在左手掌心上轻拍一下，然后向左手指尖方向划出。

第二句：请填写包裹单。

手语：包裹单 \ 填写。

包裹单

①包裹。
②单：双手拇、食指张开，指尖相对，由中间向两边拉动，仿包裹单的形状及大小。
这句话也可以指一指包裹单或递上包裹单只打一个“填写”的手势。

填写

左手横伸；右手如执笔状，在左手掌心上做写字的动作。

第三句：称一下重量。

手语：重量 \ 称。

重量

①重：双手平伸，掌心朝上，同时向下一顿。
②量：一手直立，掌心朝内，五指分开，交替点动。

称

左手横伸，掌心朝上；右手伸食指直立，置于左手上；左手向下一沉，右手食指同时左右摆动，如称物状。

“称”的另一种打法：双手食指、中指与拇指相捏，向上一提，如用老式杆秤称物状。“秤”“斤”也是这样打。

第四句：邮费 10 元。

手语：邮费 \10（元）。

邮费

①邮：同“寄”的手势。

②费：同“钱”的手势。

10（元）

第五句：特快专递到北京需要几天?

手语：快递 \ 到 \ 北京 \ 几天?

快递

①一手拇指、食指捏成圆形，向一侧做快速划动。
②双手横伸，五指微曲，掌心相对，同时向外移动。

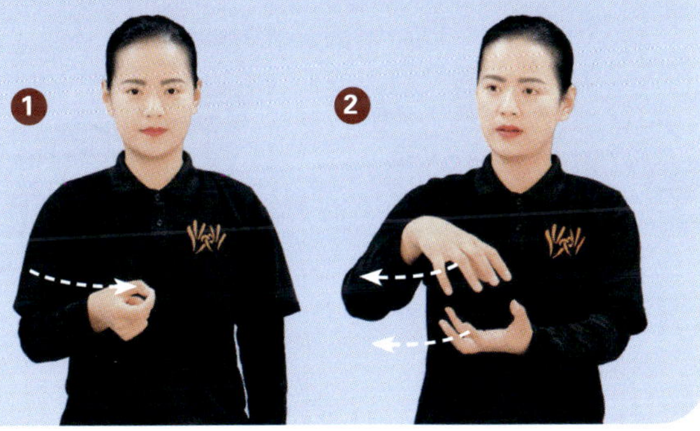

到

北京

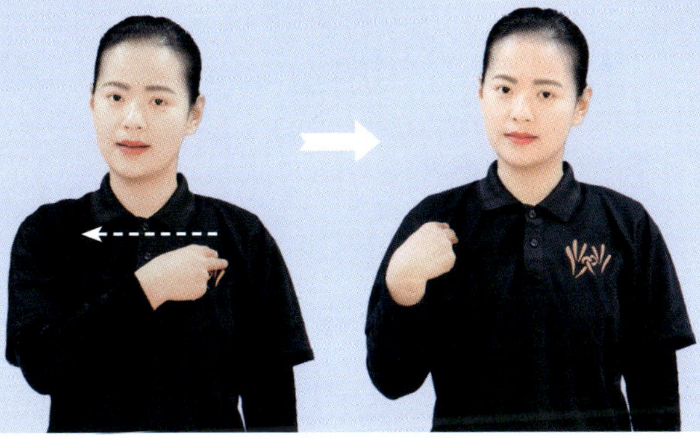

几天?

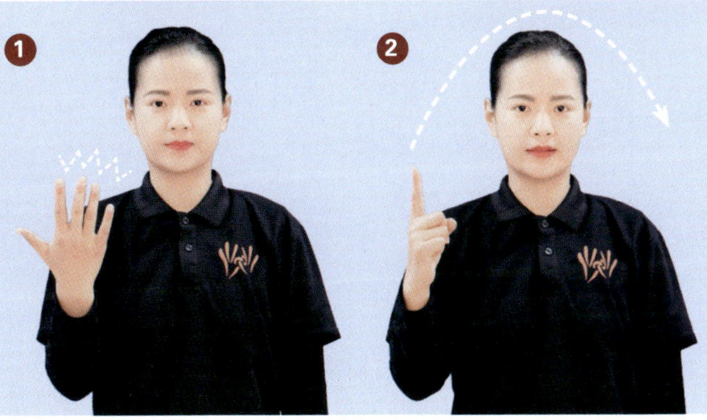

第六句：一天就能到。

手语：一天。

一天

第七句：买纪念邮票在哪里？

手语：纪念＼邮票＼哪里买？

纪念

①纪：一手打手指字母“J”的指式，碰一下前额。
②念：一手拍一下前额。

邮票

左手横伸；右手食指、中指并拢，先在嘴唇上抹一下，再贴向左手掌心，模仿用唾液溶化邮票背胶后贴邮票的动作。

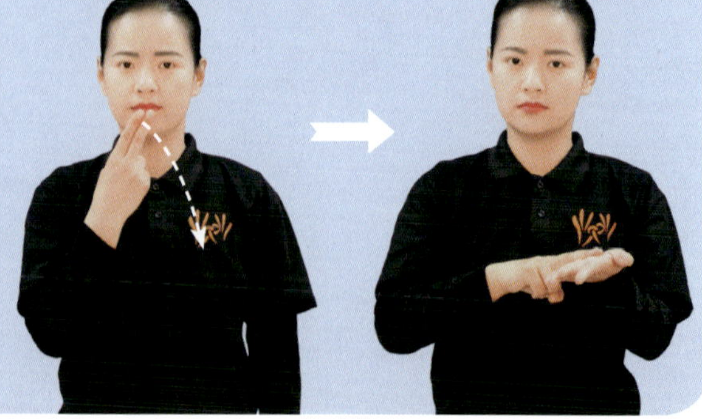

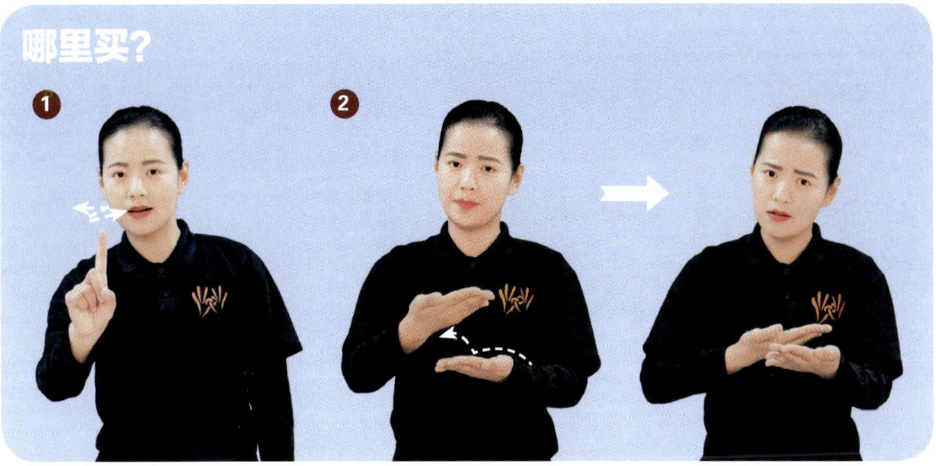

第八句：我买一套新发行的纪念邮票。

手语：纪念 \ 邮票 \ 新 \ 我 \ 买 \ 一套。

新

我

买

一套

①一。
②套：左手直立，掌心朝内；右手成“匚”形套入左手手掌。

第九句：我预订今年的《中国邮票》册。

手语：我＼预订＼今年＼《中国邮票》册。

我

预订

今年

《中国邮票》册

①中国：一手伸食指，自咽喉部顺肩胸部划至右腰部，以旗袍的前襟线表示中国。
②邮票。
③册（书、本）：双手侧立，掌心相贴，然后向两侧打开。

第十句：我订明年全年的《参考消息》报一份。

手语：我＼订＼明年＼全年＼《参考消息》报＼一。

《参考消息》报

①参考：双手平伸，掌心向上，左手不动，右手向左手移动并相碰。
双手平伸，掌心向上，上下交替移动。
②消息：左手五指撮合，指尖抵于左耳；右手五指张开，掌心向外；然后左手向左移动并张开五指，掌心向外，同时右手向右耳移动并撮合，指尖抵于右耳，双手重复一次。
“消息”的另一种打法：右手五指撮合，指尖朝右，边向耳边移动边放开五指。
③报（报纸）：双手侧立，掌心相贴，然后向两侧打开，如打开报纸状。

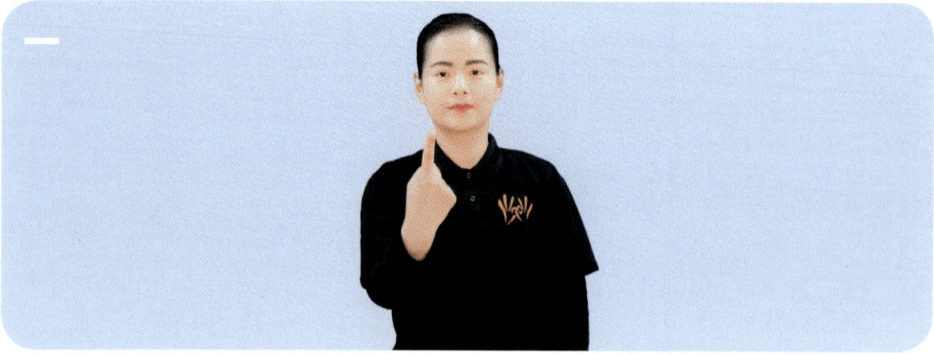

第十一句：再订一份《中国残疾人》杂志。

手语：《中国残疾人》\杂志\订\一。

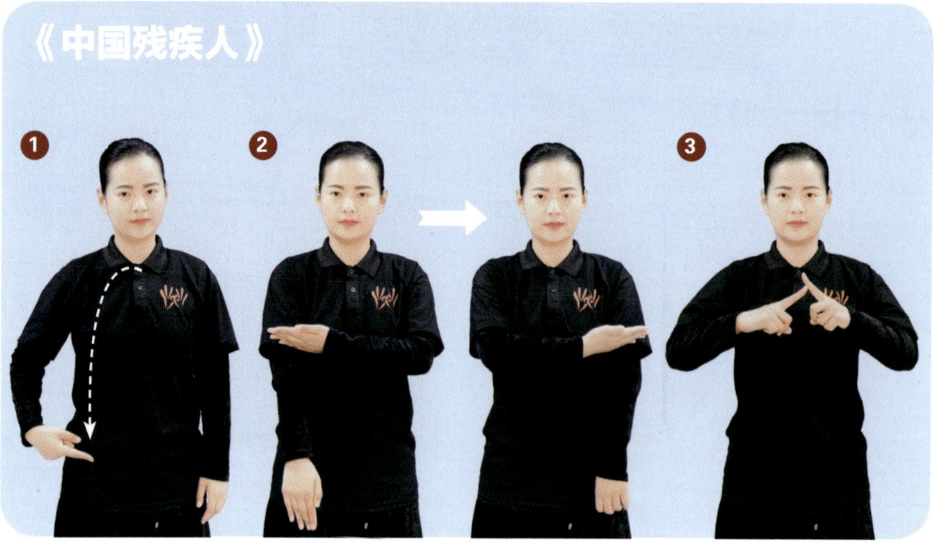

杂志

①双手五指弯曲，指尖左右相对，前后交错转动两下。
②双手侧立，掌心相贴，然后向两侧打开，如翻书刊状。

1

2

订

一

知识链接

这里介绍一下表音和仿字手势。表音，也叫“同音假借”，就是用汉字读音的手势动作来表示读音相同或相似而又比较抽象的词，如用“十”表示“是”。仿字，就是用双手手指模拟汉字的字形，如“人”是用双手食指模仿“人”字形。表音手势源于健听人，仿字手势是有了聋校后出现的。手语中表音和仿字手势都是在聋人中约定俗成后通用的，对手势的构词起了很大的作用。对这两类手势既不能随意乱造，也不要当成手势汉语而简单地否定。

第二十四课　旅游

本课学习有关“旅游”方面的 13 个句子。

第一句：欢迎大家参加我们旅行社的旅游。

手语：欢迎 \ 大家 \ 参加 \ 旅游。

欢迎

大家

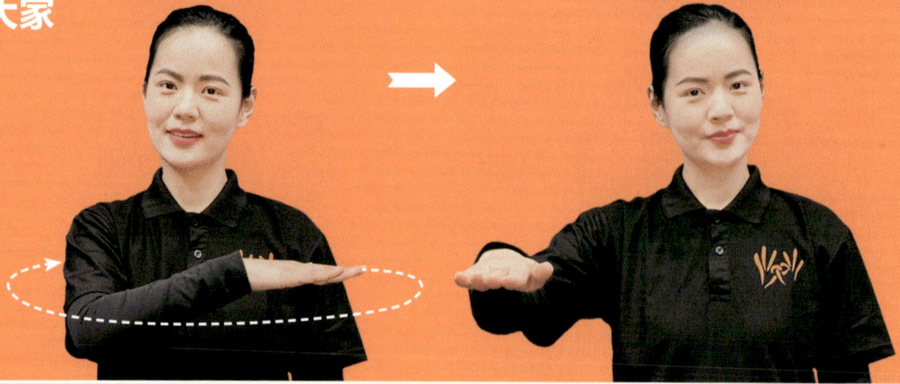

参加

旅游

左手握拳，手背朝上；右手伸拇、小指，在左手手背上随意点几下。

“旅游（旅行、游览）”的另一种打法：

①旅：一手伸拇指、小指，顺时针平行转一圈。

②游：右手直立，掌心朝内，在面前转一圈。

第二句：我是导游，姓张，大家如果需要什么帮助，请告诉我。

手语：我\导游\是，\姓\张，\大家\需要\帮助，\告诉\我。

我

导游

左手食指直立；右手拇指、食指张开，指尖分别抵于左手食指根部和指尖，然后边向右移动边相捏，仿导游手举的小旗。

是

姓

左手中、无名、小指横伸；右手拇指、食指捏住左手中指尖，前后微晃一下。

张（纸张、纸）

双手拇、中指相捏，指尖朝下，微微抖动两下。

“张”的另一种打法：一手伸食指，自头的一侧向下划动一下。

大家

需要

帮助

告诉

我

第三句：游览时，大家要跟着我走，不要离队。

手语：游览，\ 大家 \ 跟着我，\ 离队 \ 不。

游览

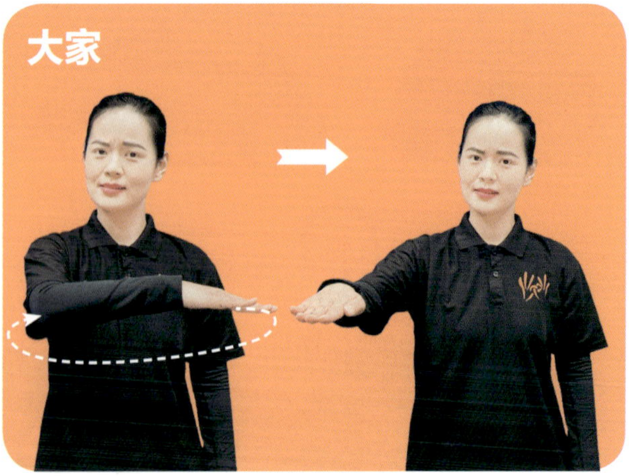
大家

跟着我

双手伸拇指、小指，一前一后，由外向内移动。

离队

左手直立，掌心朝右；右手食指直立，先贴于左手手掌，然后向右移动。

不

第四句：旅游期间，大家一定要注意安全。

手语：旅游 \ 期间，\ 安全 \ 一定 \ 注意。

旅游

期间

双手直立，掌心左右相对。

安全

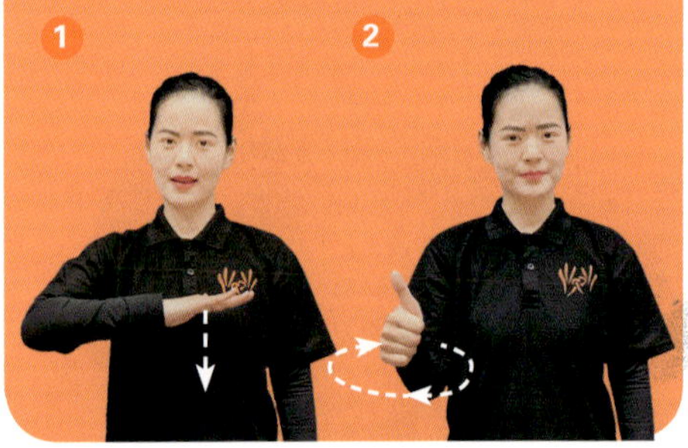

一定

注意

第五句：请不要乱丢垃圾。

手语：垃圾＼乱丢＼不。

垃圾

左手五指微曲，掌心朝上；右手伸小指，在左手上划两下。

乱

丢

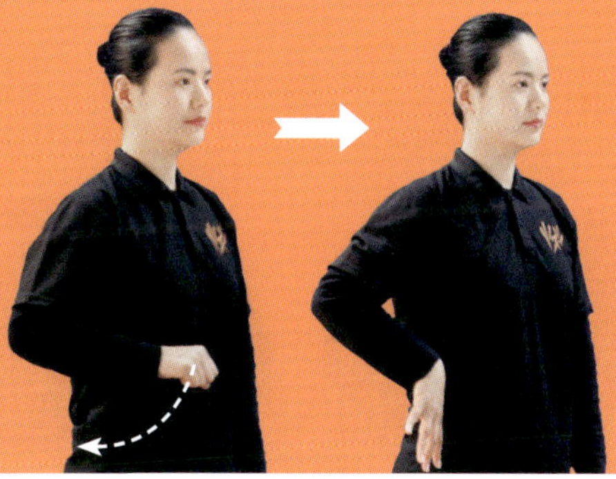

不

第六句：现在是自由活动时间，10 点回来。

手语：现在 \ 自由 \ 活动，\10 点 \ 回来。

现在

自由

双手食指直立，在胸前随意交替摆动几下。

活动

10 点

回来

第七句：我们什么时候吃午饭？

手语：午饭 \ 几点？

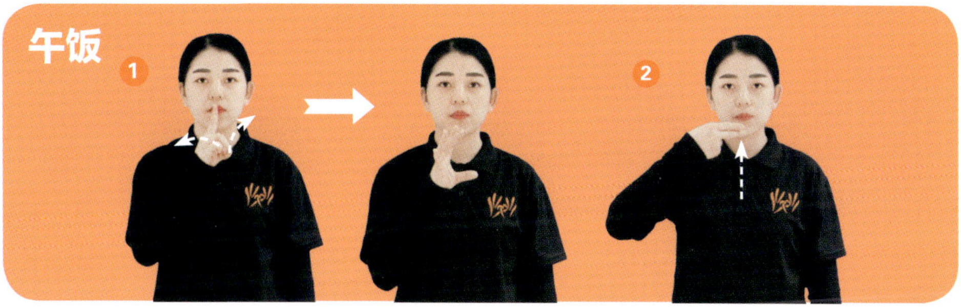

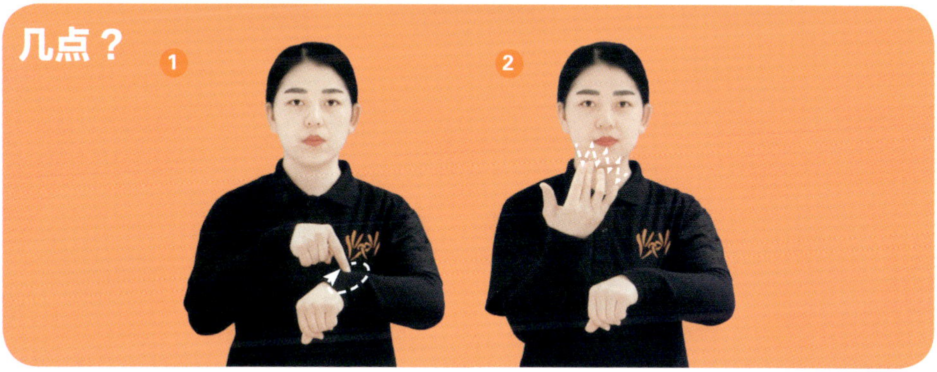

第八句：上午游览延长了时间，可能到 1 点才能吃午饭。

手语：上午 \ 游览 \ 时间 \ 延长，\ 可能 \1 点 \ 吃饭。

时间

延长

同“好久”的手势。

可能

双手平伸，掌心向上，上下交替微动几下，面露疑问的表情。

1 点

吃饭

第九句：午饭后，大家休息一会儿，2 点按时上车。

手语：午饭 \ 完了，\ 大家 \ 休息 \ 一会儿，\2 点 \ 按时 \ 上车。

午饭

完了

大家

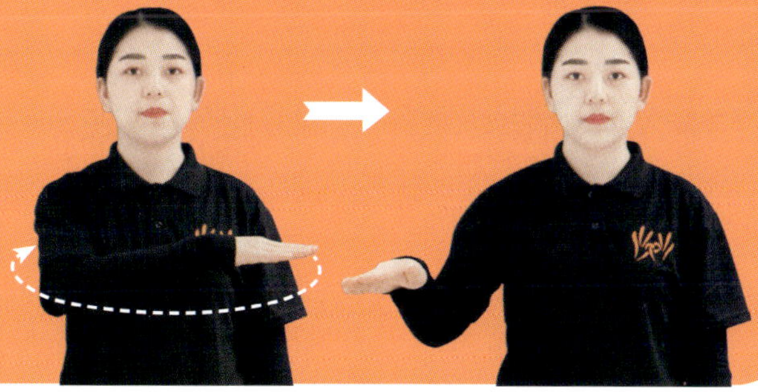

休息

一会儿

一手拇、食指相捏，指尖朝上，左右微晃两下。

“一会儿”的另一种打法：左手侧立；右手伸拇、食指，拇指指尖抵于左手掌心，食指向下转动一下。然后一手拇指指尖微微弹一下食指指尖。

2 点

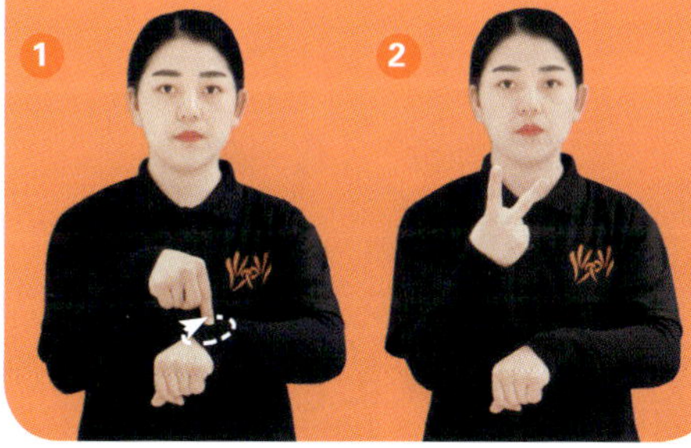

按时

上车

①上。
②车：双手虚握，左右转动，如操纵方向盘状。

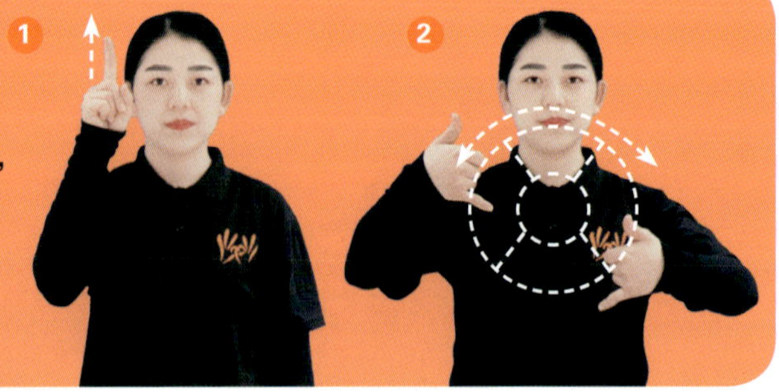

第十句：现在我们游览结束了，到宾馆后，先到服务台领房卡。

手语：现在＼游览＼结束,＼到＼宾馆＼后,＼先到＼服务台＼领＼房卡。

现在

游览

结束

一手或两手由握拳到自然伸开，并向下一甩。“完成、完了、完”都是这样打。

到

宾馆（旅馆、招待所、酒店）

左手平伸；右手打手指字母“K”的指式，中指置于太阳穴处，然后移向左手掌心。

后

先到

服务台

领（拿）

房卡

第十一句：明天早上 6 点起床，6 点半吃早饭，7 点上车去下一个景点。

手语：明天 \ 早上 \6 点 \ 起床，\6 点半 \ 吃早饭，\7 点 \ 上车 \ 去 \ 景点。

明天

早上

一手五指撮合，手背朝上，置于面前，边向上做弧形移动边张开。

6 点

起床

左手横伸；右手伸拇指、小指，手背先贴于左手掌心，然后立起。

6 点半

吃早饭

7点

上车

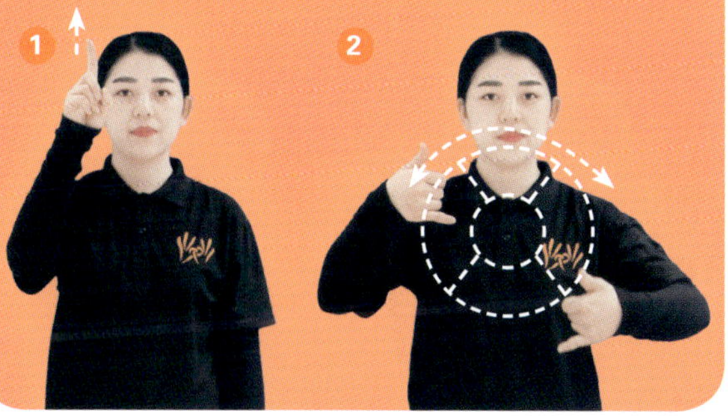

去

景点（风景）

①一手直立，五指微曲，左右来回扇动几下。
②一手直立，掌心朝内，从一侧向另一侧做弧形移动。

第十二句：晚饭时间是 6 点半，请大家按时用餐。

手语：晚饭 \6 点半，\ 大家 \ 按时 \ 吃饭。

第十三句：我们的旅游结束了，祝大家精神愉快，身体健康！

手语：旅游＼结束，＼祝＼大家＼精神＼愉快，＼身体健康！

旅游

结束

祝

大家

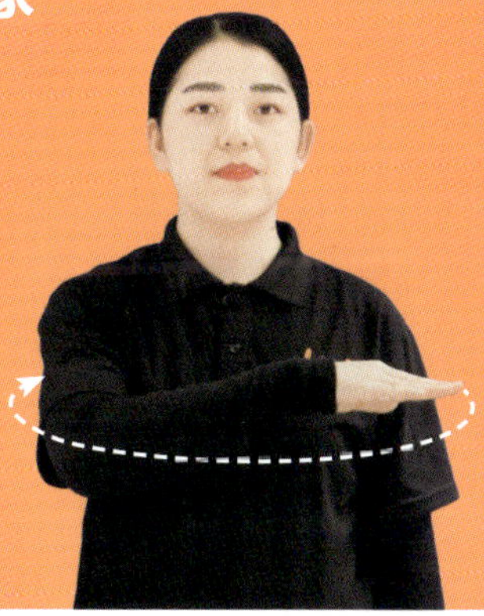

精神

一手掌心贴于胸部，挺胸抬头。

愉快

身体健康

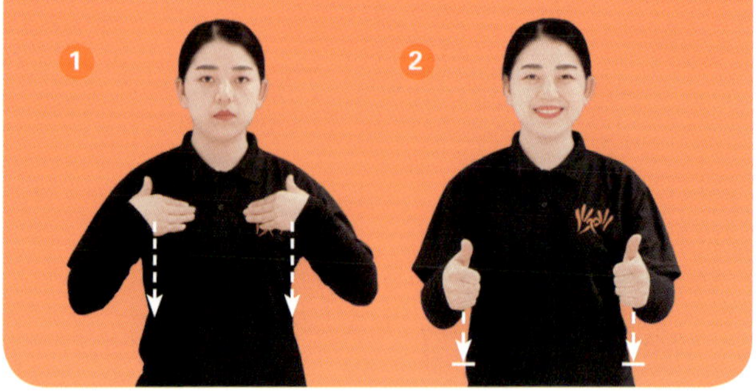

知识链接

口语中以动词“是”作谓语的“是”字句，即主语+“是”+宾语句式，手语中往往把“是”或“不是”放在最后。例如，口语“他是司机”，手语是“他＼司机＼是”。口语“他不是司机”，手语“他＼司机＼不是”。所以，本课中的“我是导游”，手语是“我＼导游＼是”。否定的“是”字句也是如此，如“我＼导游＼不是”。

第二十五课　文化娱乐

本课学习有关“文化娱乐”方面的 11 个句子。

第一句：你有什么爱好？

手语：你 \ 爱好 \ 什么？

你

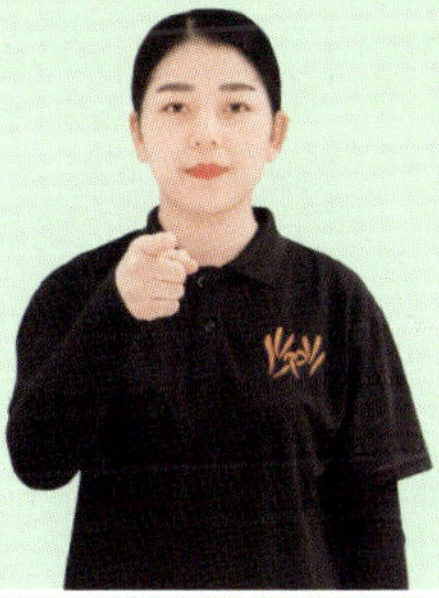

爱好

①爱：左手伸拇指，右手轻轻抚摸左手拇指指背。
②好：一手伸拇指。

①

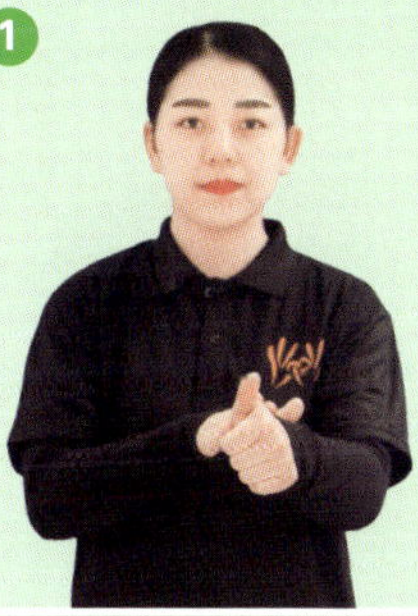

②

什么？

第二句：我喜欢绘画。你喜欢什么？

手语：绘画 \ 我 \ 喜欢。\ 你 \ 喜欢 \ 什么？

绘画

我

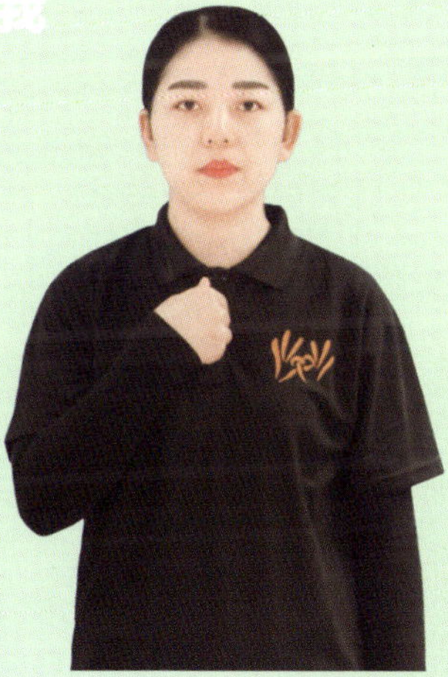

喜欢

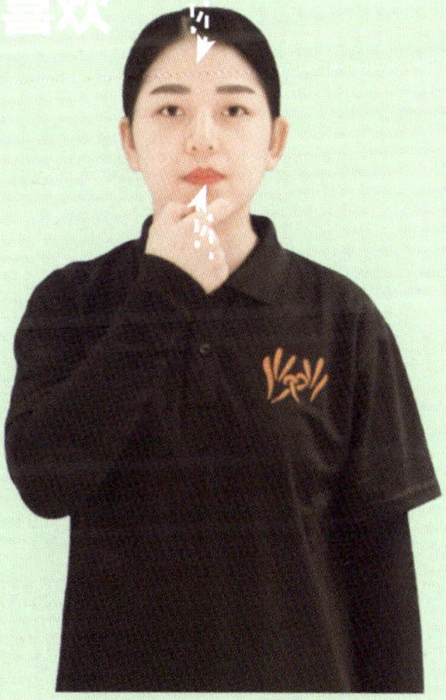

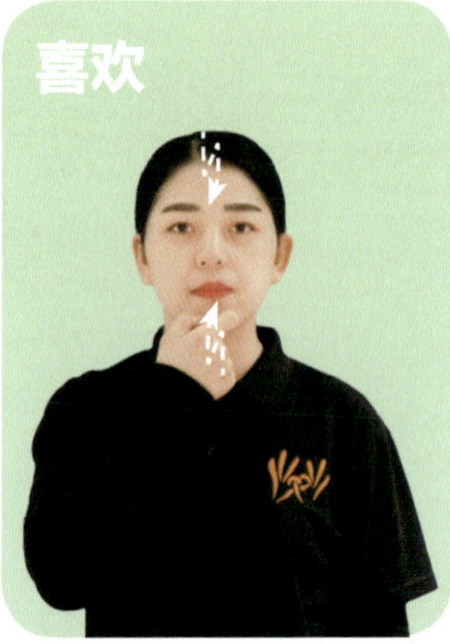

第三句：我喜欢跳舞。

手语：跳舞＼我＼喜欢。

跳舞

跳舞（舞蹈、舞）：双手五指微曲张开，左手横伸，手背朝上；右手直立，掌心朝左，同时扭动两下手腕。

“跳舞”的另一种打法：双手手背抵住腰部，仿跳舞动作扭动几下身体。

第四句：我看过你的画展，很成功。

手语：你 \ 画展 \ 我 \ 看 \ 完了，\ 很 \ 成功。

你

画展

①画（绘画）。
②展（展览）：双手平伸，掌心朝上，由中间向两侧一顿一顿移动几下，表示陈列的展板。

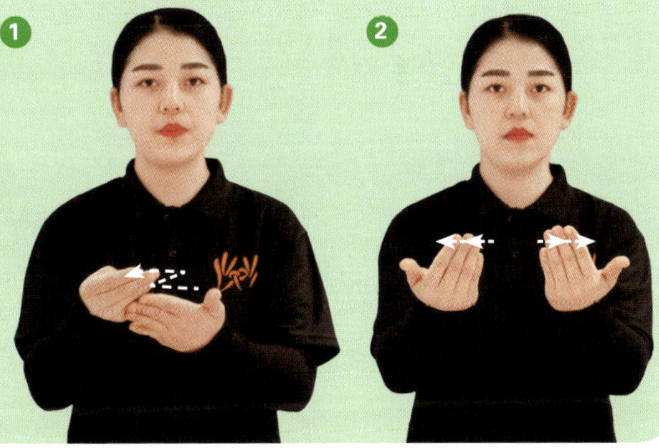

我

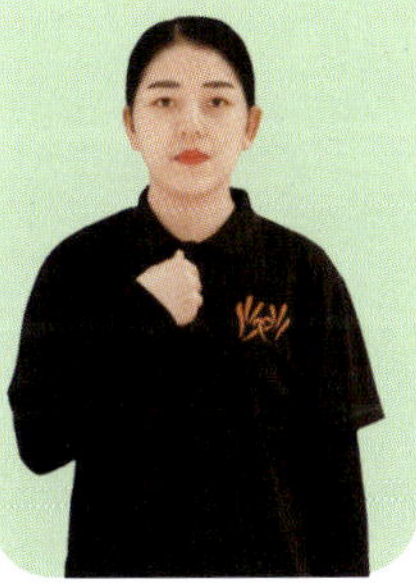

看

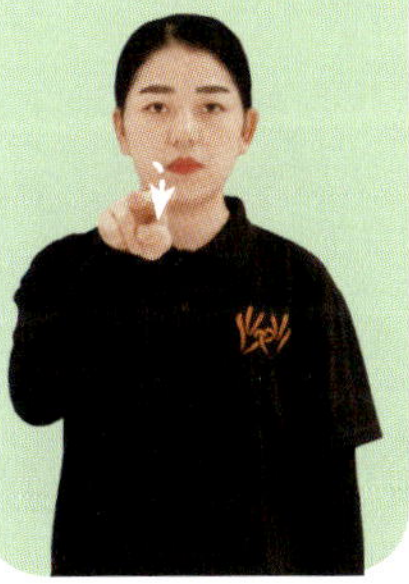

完了

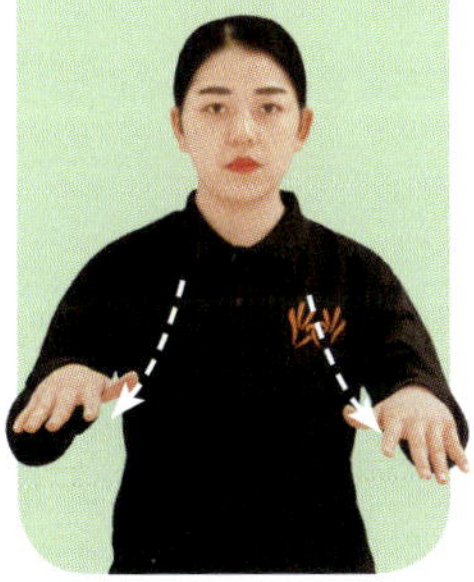

很

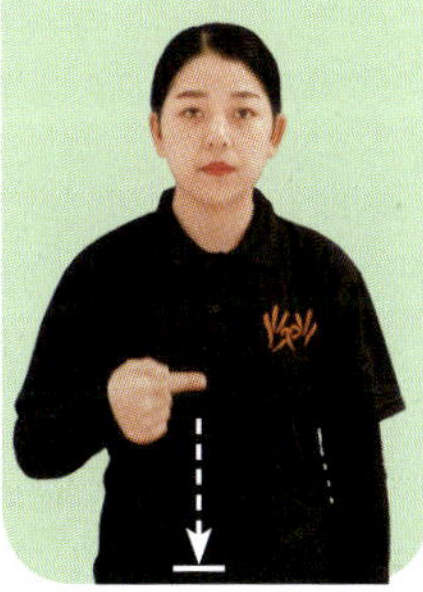

成功

左手横伸；右手掌先拍一下左手掌，再伸出拇指。也可打“胜利”的手势：双手伸拇指，左手不动，右手向上一挑。

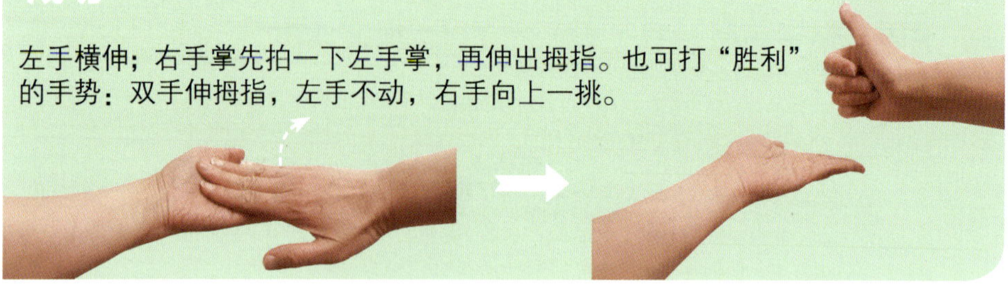

第五句：你们艺术团的舞蹈演员，经常在国内外演出，多次获得奖励。

手语：你们 \ 艺术团 \ 舞蹈 \ 演员，\ 经常 \ 国内外 \ 演出，\ 获得 \ 奖励 \ 多。

你们

艺术团

①艺：一手打手指字母“Y”的指式。
“艺”的另一种打法：一手横打“一”的手势代表“艺”。
②术：双手横伸，掌心朝下，互拍手背。用“技术”的手势代表“术”。
③团：双手五指弯曲，相互握住。用“团结”的手势代表“团”。

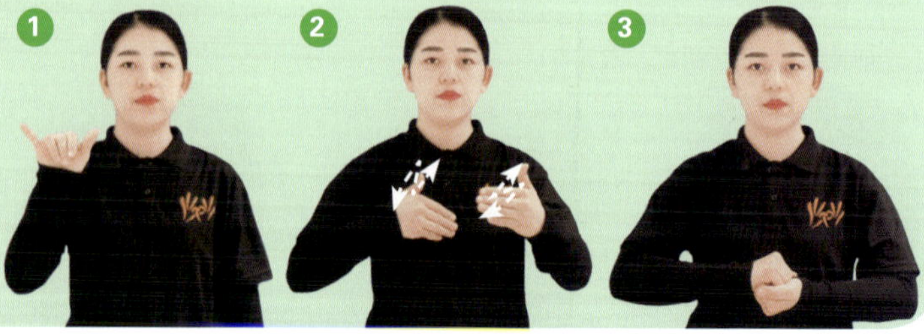

舞蹈

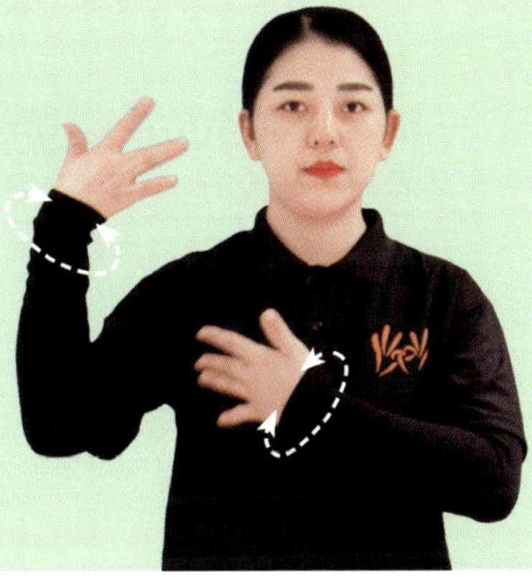

演员

①演：双手伸拇指、小指，手背朝外，前后交替转动两下。“演”的另一种打法：双手伸拇指、食指、中指，在胸前交替转动两圈，模仿京剧演员捋胡须的动作。“演出、演戏、表演、戏、剧、戏剧”都是这样打。②员：同“服务员”的手势②。

1

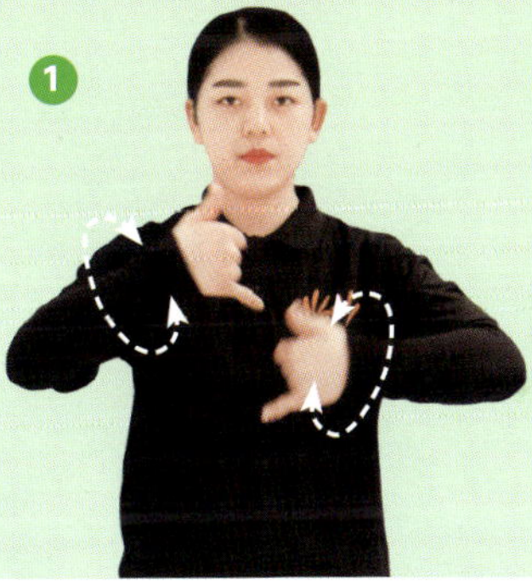

2

经常（常常）

一手食指、中指直立并拢，掌心朝外，在太阳穴处碰两下。

国内外

①国：一手打手指字母“G”的指式，顺时针平行转一圈。
②内（里面）：左手横立；右手食指直立，在左手掌内由上向下移动一下。
③外（外面）：左手横伸；右手伸食指，指尖朝下，在左手背外向下指。

1
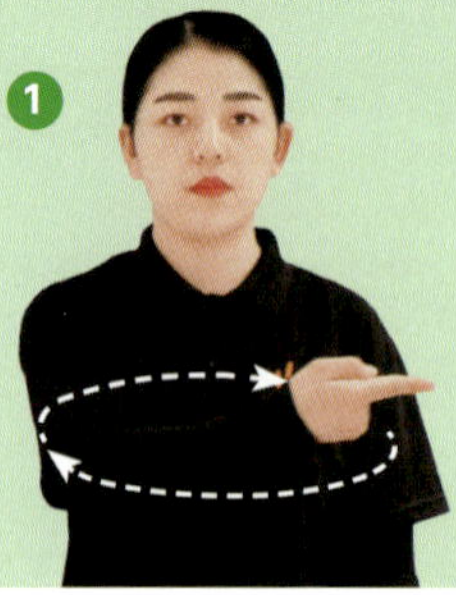
2

3

演出

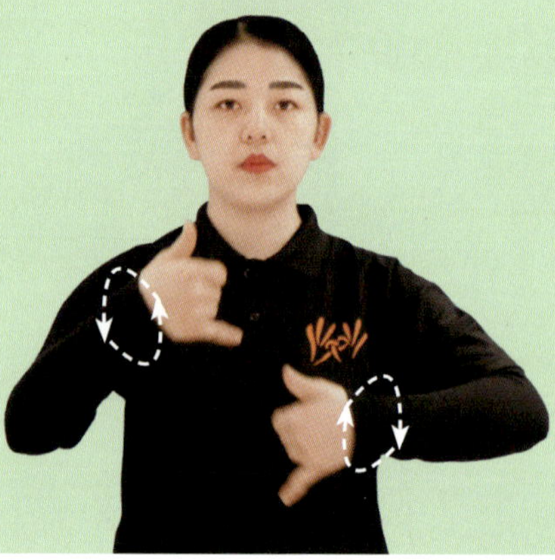

获得

双手横立，手心向内，从外向内收进。

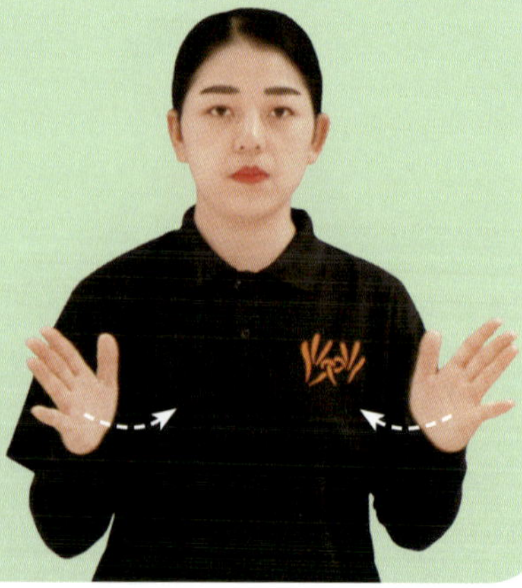

奖励

左手拇指、食指捏成圆形，虎口朝外；右手五指并拢，指尖朝下，抵于左手圆形上端，然后双手同时向外移动一下。

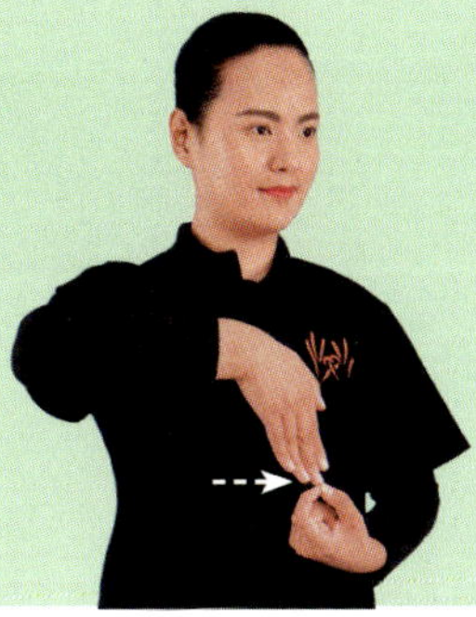

多

第六句：济南市第一个参加中国艺术节的节目，就是残疾人艺术团的舞蹈《藕歌》。

手语：济南＼第一个＼参加＼中国艺术节＼节目，就是＼残疾人艺术团＼舞蹈《藕歌》。

济南

一手拇指、食指、中指相捏，指尖朝鼻翼一侧碰两下。

“济南”当地的打法：一手拇指、食指、中指相捏，指尖指向鼻翼处，然后边向下移动边指尖朝下。

第一个

左手伸拇指；右手食指横伸，手背向外，先碰一下左手拇指，再向上移动。

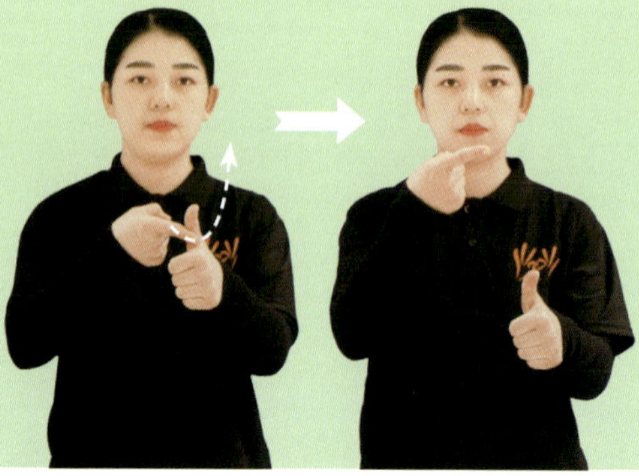

参加

中国艺术节

节目

①双手伸拇指、小指，手背朝外，前后交替转动两下。
②左手斜伸，掌心向上；右手握拳，在左手掌心上方依次伸出食指、中指、无名指、小指。

就是

残疾人艺术团

舞蹈

藕歌

①藕：双手拇指、食指张开，虎口相对，边捏动边向两侧移动，仿藕的外形。
②歌：双手伸拇指、食指，食指指尖对着喉部，然后同时向外移出两次，嘴张开，头随之左右晃动。
“歌”的另一种打法：一手五指分开，手背朝外，从喉部边五指交替点动，边向外移动。

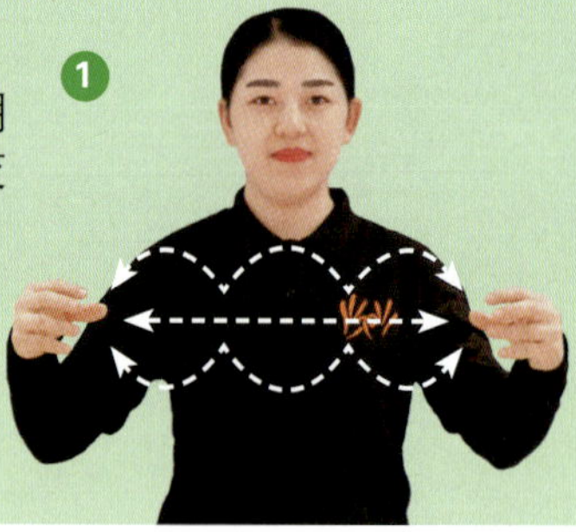

第七句：业余时间，你有什么活动？

手语：业余＼时间，＼你＼活动＼有？

业余

①业：左手食指、中指、无名指、小指直立并分开，手背朝外；右手食指横于左手四指根部，仿“业”字形。
②余：左手横立，掌心朝内；右手拍一下左手手背，然后向外移。

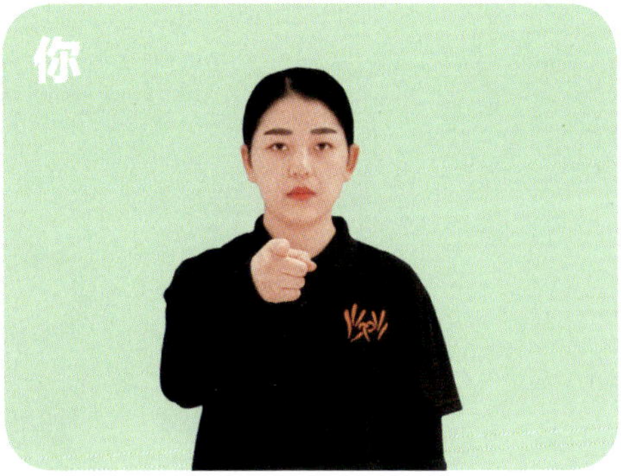

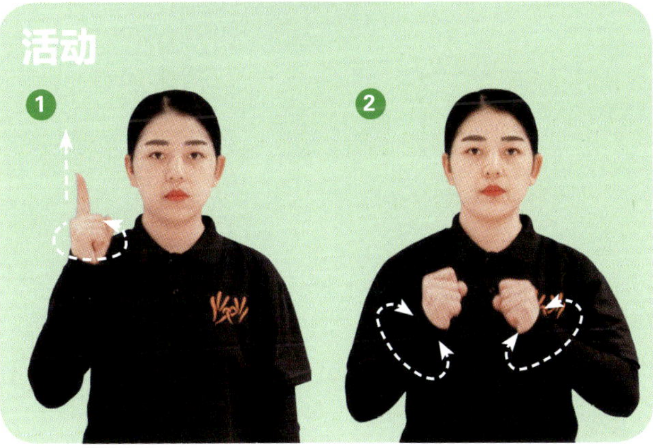

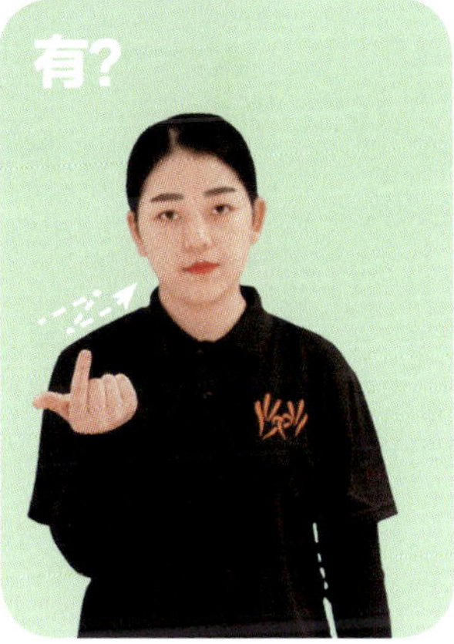

第八句：我去公园散步或去图书馆，晚上在家看电视。

手语：公园＼散步、＼图书馆，＼晚上＼在家＼电视。

公园

①公：双手拇指、食指搭成“公”字形，虎口朝外。
②园：一手伸食指，指尖朝下，在胸前划一个大圆圈。

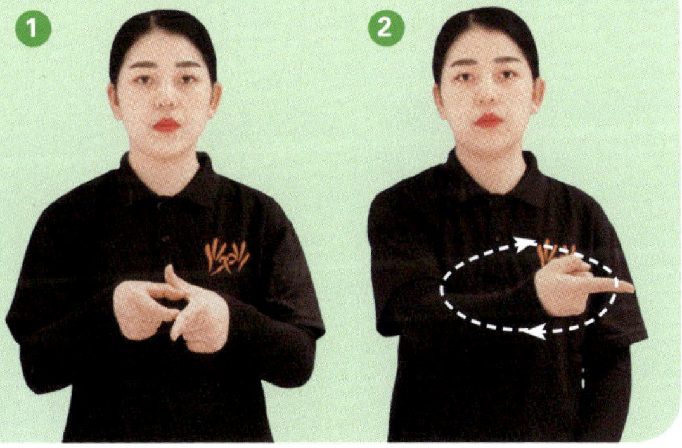

散步

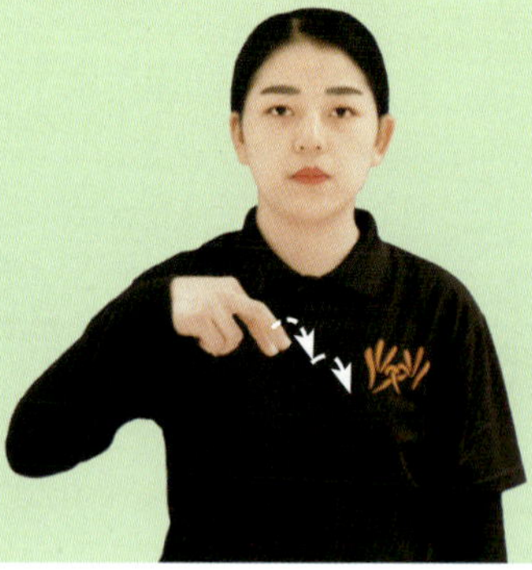

图书馆

①图书：左手平伸，掌心朝上；右手食指、中指分开，从左手掌心向右翻动两下。（可根据实际表示书的样式）

②馆：同“房”的手势。

晚上

在家

电视

第九句：你周末的活动计划是什么？

手语：你＼周末＼活动＼计划＼是＼什么？

你

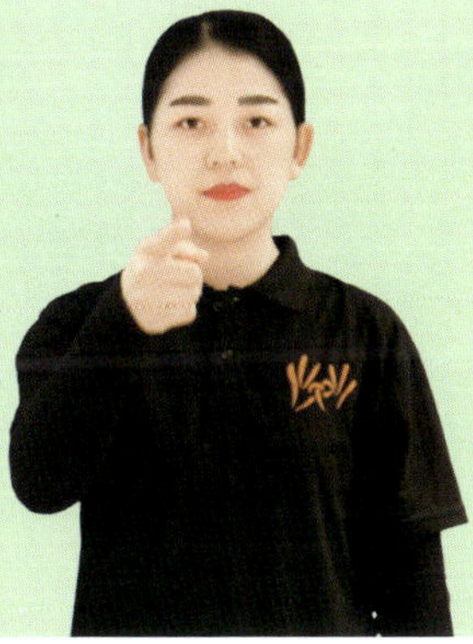

周末

手语一般不用“周末”这个手势，多用“星期六”或“星期日”。

活动

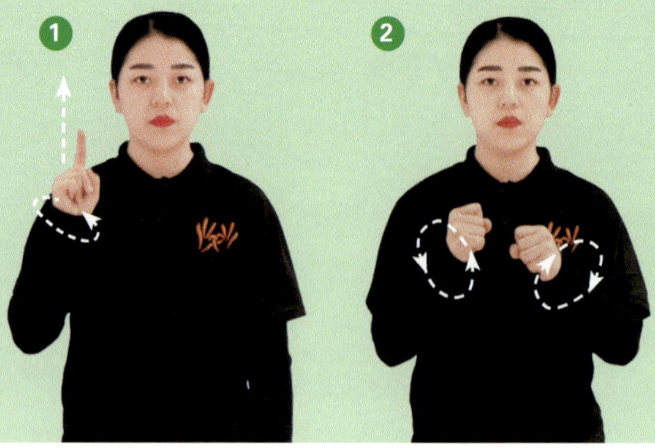

计划

左手横伸，掌心朝下；右手五指并拢，指尖沿左手小指边缘划两下。

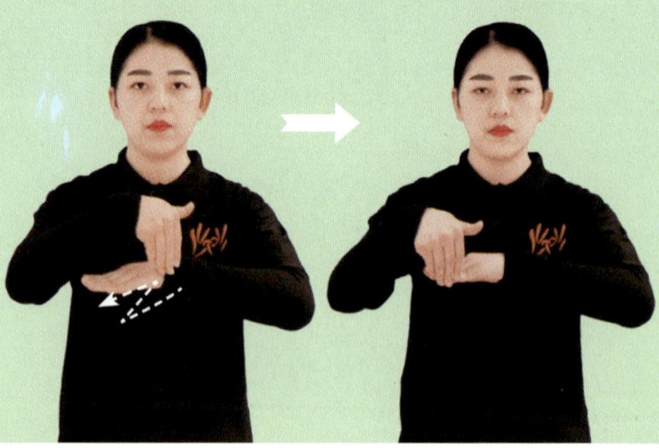

是

什么？

第十句：我去看电影。

手语：电影。

电影

左手拇指、食指张开，成半圆形，虎口朝上；右手五指弯曲，指尖朝前，手腕碰两下左手的虎口。

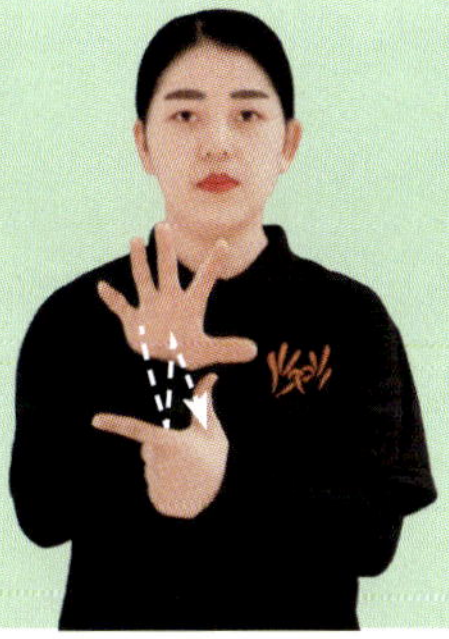

第十一句：假期，我俩去艺术团排练。

手语：假期，\ 我俩 \ 去 \ 艺术团 \ 排练

假期

1

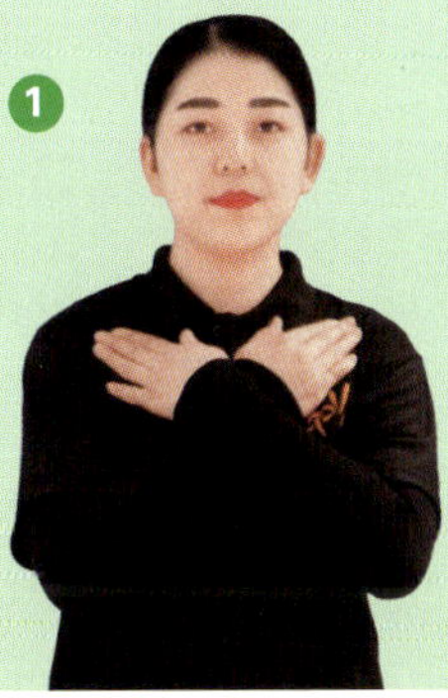

2

我俩

先指一下自己，然后右手伸食、中指，指尖朝上，食指在前，中指在后，两指分开，在两人之间移动两下。

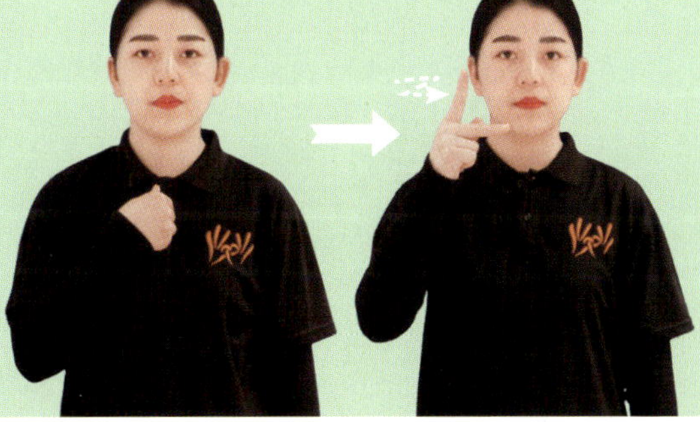

去

艺术团

排练（训练）

左手横伸，掌心朝上；右手平伸，掌心、手背交替在左手掌心上蹭一下。

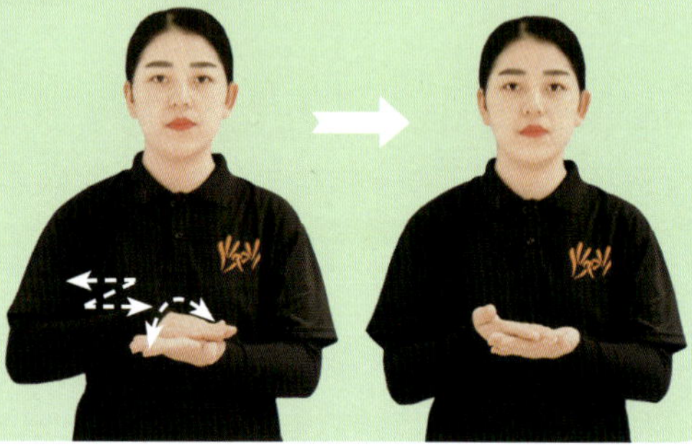

知识链接

手势“我俩”的打法：打手势“二”在两人之间移动两下。但要注意：右手打，一定要掌心朝上，否则就成了“一样、相同”的意思。“咱俩、我和你、我们二人”也是这样打。如果是“我和他”，食指、中指要在我和他之间移动两下。打“他们三人”的手势时，食指、中指、小指要在三人之间移动。

第二十六课　体育运动

本课学习有关“体育运动”方面的 11 个句子。

第一句：你喜欢什么体育运动？

手语：体育运动 \ 你 \ 喜欢 \ 什么？

体育运动

①体育（锻炼）：双手握拳屈肘，在胸前做两下扩胸动作。
②运动：双手握拳屈肘，虎口朝内，手背向上，向后用力移动两下。

1

2

你

喜欢

什么？

第二句：我喜欢打篮球、踢足球。

手语：打篮球、\ 踢足球 \ 我 \ 喜欢。

打篮球

右手五指分开，上下活动仿拍球状，然后举起手臂，手腕向前弯动一下，仿投篮状。

踢足球

左手拇指、食指捏成圆形；右手食指、中指叉开，指尖朝下，交替弹向左手圆形，仿踢足球状。

我

喜欢

第三句：很多聋人都喜欢看足球比赛。

手语：足球＼比赛，＼很多＼聋人＼喜欢＼看。

足球

比赛

双手伸拇指，在胸前上下交替移动几下。

很多

聋人

喜欢

看

第四句：不少球迷还自发组织起了“聋人球迷协会”呢。

手语：不少 \ 球迷 \ 自发 \ 组织了 \ “聋人球迷协会”。

不少

双手侧立，五指分开，向外抖动几下，即“多”的手势。不能打成“不 + 少”。

球迷

①球：同“踢足球”的手势。“球”的另一种打法：一手五指捏成小圆形。
②迷：双手合十，指尖朝前斜上方，向前转腕，头随之前倾。

1

2

自发

①自：一手食指直立，虎口朝内，向左胸部碰两下。
②发：双手五指撮合，指尖朝上，边向上移动边张开。

组织了

双手直立，五指微曲，掌心向内，从两侧向中间移动两次。

聋人

球迷

协会

①协：双手食指互相勾住。
②会：双手直立，掌心分别向左右斜前方，食指、中指、无名指、小指弯动一下。

第五句：街道社区经常开展残疾人的体育活动。

手语：残疾人 \ 体育 \ 活动 ,\ 街道 \ 社区 \ 经常 \ 开展。

街道

双手侧立，掌心相对，
向前移动。

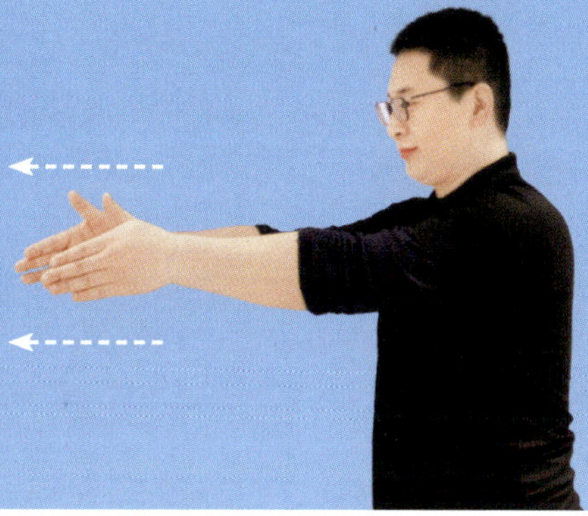

社区

经常

开展

双手平伸，掌心
朝上，从两侧向
中间做弧形移
动，同时向上抬
起。

第六句：社区体育活动为残疾人提供了康复训练和锻炼身体的好机会。

手语：社区 \ 体育 \ 活动 \ 为 \ 残疾人 \ 提供了 \ 康复训练 \ 锻炼身体 \ 好机会。

提供了

双手平伸，掌心朝上，同时向前上方伸出。

康复训练

①康：双手贴于胸部，边向下移动，边伸出拇指，并向下一顿。
②复：双手直立，掌心向外，然后边向前做弧形移动边翻转为掌心向内。
③训练：同“排练”的手势。

锻炼身体

好

机会

①机：双手五指弯曲，食指、中指、无名指、小指关节交错相触，向下转动一下。
②会：同“协会”的手势②。

第七句：各级残联都按时组织体育比赛，聋人可以参加。

手语：各级\残联\按时\组织\体育\比赛，\聋人\参加\可以。

各级

①各：一手食指直立，向一侧一顿一顿地移动几次。
②级：左手直立，掌心朝右；右手平伸，掌心朝下，贴左手掌心一顿一顿地向上移动几下。

残联

①残。
②联：双手拇指、食指互相套环，并顺时针平行转一圈。

按时

组织

体育

比赛

聋人

参加

可以

第八句：比赛项目有田径、游泳、举重、乒乓球、羽毛球等等。

手语：比赛 \ 项目 \ 田径、\ 游泳、\ 举重、\ 乒乓球、\ 羽毛球 \ 有 \ 很多。

比赛

项目

①左手直立，五指张开，掌心朝内；右手伸直，在左手五指间处各切入一下。
②左手横立，五指分开；右手拇、食指张开约2厘米，自左手食指旁向右移动一下。

田径

①双手中指、无名指、小指搭成“田”字形。
②双手握拳屈肘，前后交替摆动两下，如跑步状。

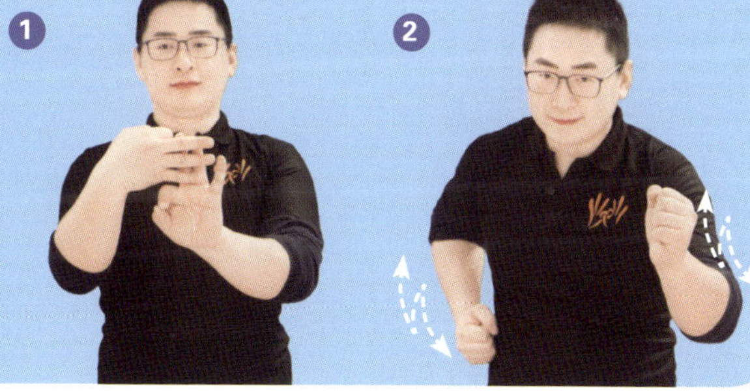

游泳

双臂微曲，两臂同时向前伸出、划动，仿游泳动作。

举重

双拳虚握，掌心朝上，置于肩前，然后同时向上举起，仿举重动作。

乒乓球

左手拇指、食指捏成小圆形；右手横立，手背击打两下左手拇指，仿打乒乓球动作。

羽毛球

①左手横伸；右手五指微曲，轻捋几下左手背，如整理羽毛状。
②右手虚握拳向前挥动，仿打羽毛球动作。

有

很多

第九句：世界性的残疾人运动会有残奥会、聋奥会和特奥会。

手语：世界 \ 残疾人 \ 运动会 \ 有 \ 残奥会、\ 聋奥会 \、特奥会。

世界

残疾人

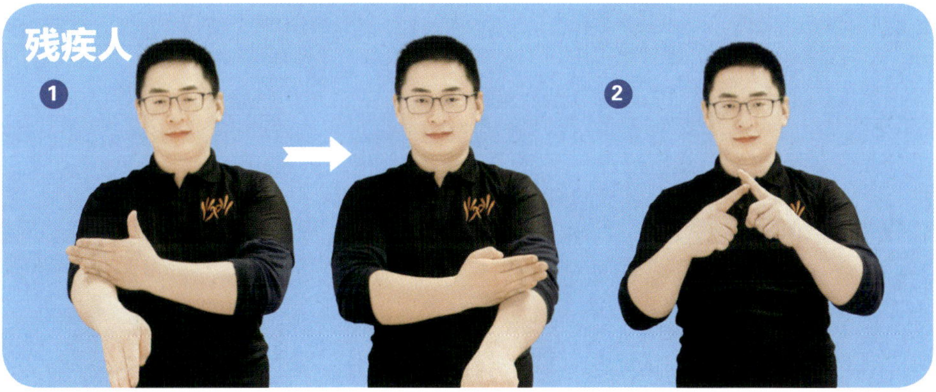

运动会

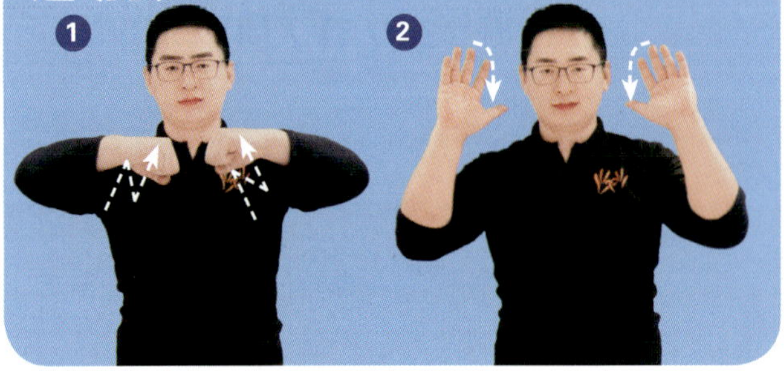

有

残奥会

①残：同“残疾人”的手势①。
②奥（奥运）：双手拇指、食指套环，其他三指微曲，先做一次套环动作，然后手向下微移，再做一次套环动作。
③会：同“协会”的手势②。

聋奥会

特奥会

第十句：积极参加体育锻炼，争取参加各级残疾人运动会和聋奥会。

手语：体育锻炼＼积极＼参加，＼各级＼残疾人＼运动会、＼聋奥会＼争取＼参加。

体育锻炼

积极

参加

各级

残疾人

运动会

聋奥会

争取

一手五指微曲，掌心朝外，用力从前向后移动并握拳。

参加

知识链接

第二课已经讲过，名词同该名词与动词组成的动宾词组，往往只用同一个手势表示。本课中的“篮球”“足球”“乒乓球”“羽毛球”也是这样。

第二十七课　约会 提醒

本课学习有关“约会”“提醒”方面的10个句子。

第一句：星期日，科技馆有科技新产品展览，你喜欢去参观吗？

手语：星期日，\科技馆\科技\新产品\展览，\有，\参观\喜欢？

星期日

科技馆

①科（科学）：双手打手指字母“K”的指式，前后交替转两下。
②技（技术）：双手横伸，掌心朝下，互拍手背。
③馆：双手搭成“∧”形。
“科技”的另一种打法：一手打手指字母“K”的指式，一手打手指字母“J”的指式，前后交替转两下。

科技

新产品

展览

双手直立，掌心朝内，置于面前，然后从中间向两侧一顿一顿地移动。

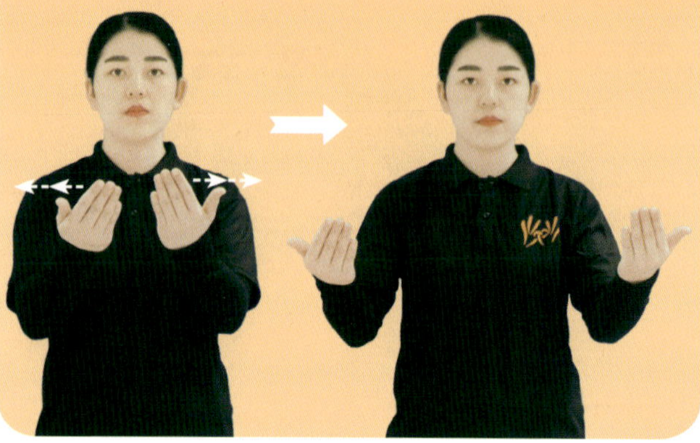

有

参观

一手食指、中指分开，指尖朝前，在面前转动半圈，目光随之移动。

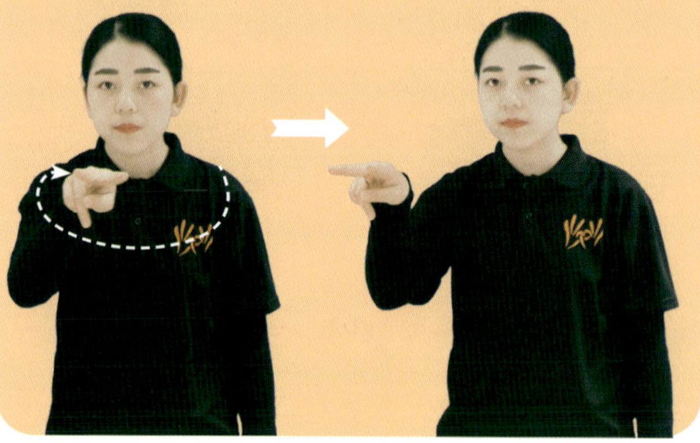

喜欢

第二句：好啊！我很喜欢去。我们叫上杨林、晓华一块去吧。

手语：好！\我\喜欢。\告诉\杨林、\晓华\一块\去。

好

我

喜欢

告诉

杨林

①杨（羊）：一手食指弯曲如钩置于太阳穴处，仿绵羊头上弯曲的角。
②林（树林、森林）：双手拇指、食指搭成大圆形，连续向上移动几次，象征树木很多。

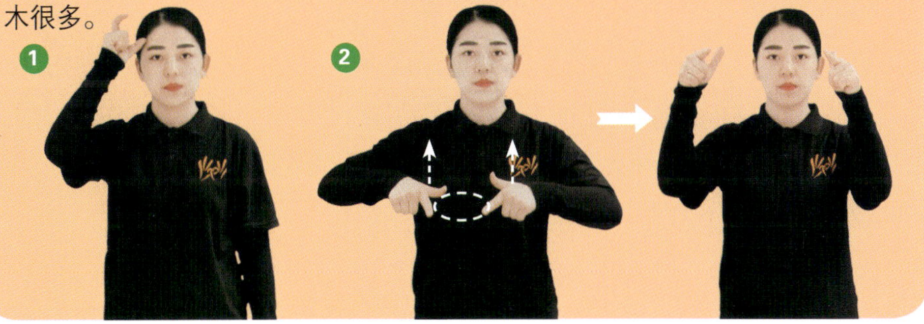

晓华

①晓（小）：一手拇指、小指指尖相捏。
②华（花）：一手五指撮合，指尖朝上，然后缓慢张开。

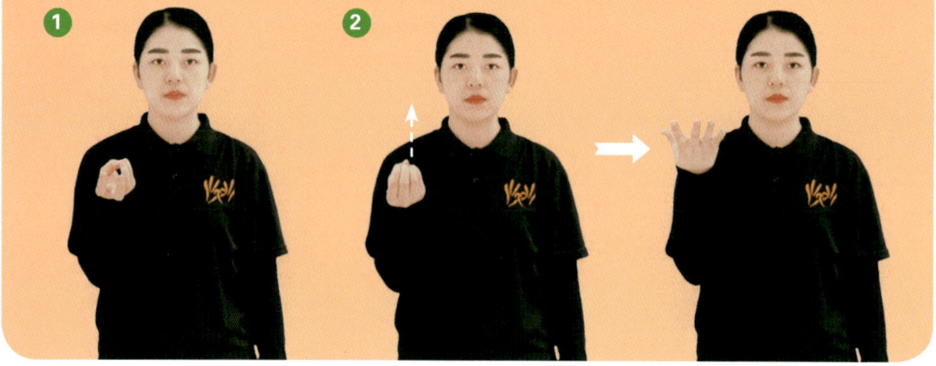

“杨、晓、华”分别是用“羊、小、花”的谐音来表示的，为表音式手势。

一块

去

第三句：好的。你负责通知他们。

手语：好。\ 你 \ 负责 \ 通知 \ 他们。

好

你

负责

右手拍两下左肩。

通知

①双手食指横伸，指尖相对，由两侧向中间交错移动。
②一手伸食指，指尖点一下太阳穴。也可以打“告诉”的手势。

他们

第四句：星期日上午 8 点整，我们在科技馆门口集合，不要迟到。

手语：星期日 \ 上午 \8 点整，\ 我们 \ 在 \ 科技馆 \ 门口 \ 集合，\ 迟到 \ 不。

星期日

上午

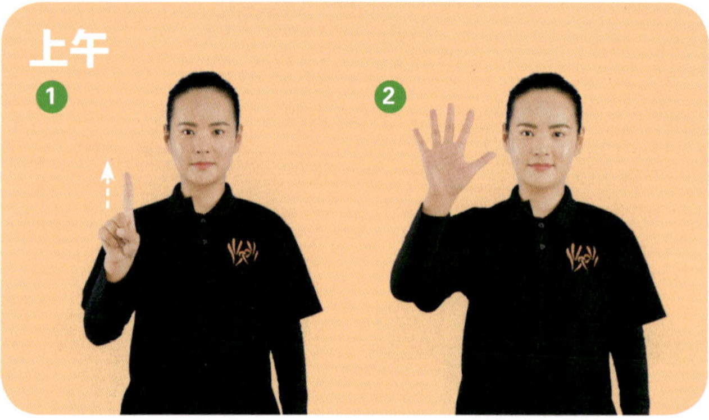

8 点整

我们

在

科技馆

门口

集合

双手直立，五指微曲，掌心相对，从两侧向中间合拢。

迟到

①迟（晚）：左手侧立；右手五指伸出，拇指指尖抵于左手掌心，其余四指向下转动。
②到：一手伸拇指、小指，向前做弧形移动，并向下一顿。

不

第五句：我家有点事想请你帮忙，明天上午你能来我家吗？

手语：我 \ 家 \ 有事 \ 想 \ 请你 \ 帮助，\ 明天 \ 上午 \ 你 \ 来 \ 我家 \ 可以吗？

帮助

明天

上午

你

来

我家

可以吗？

第六句：我上午有约会，下午可以吗？

手语：我＼上午＼约会＼有，＼下午＼可以吗？

我

上午

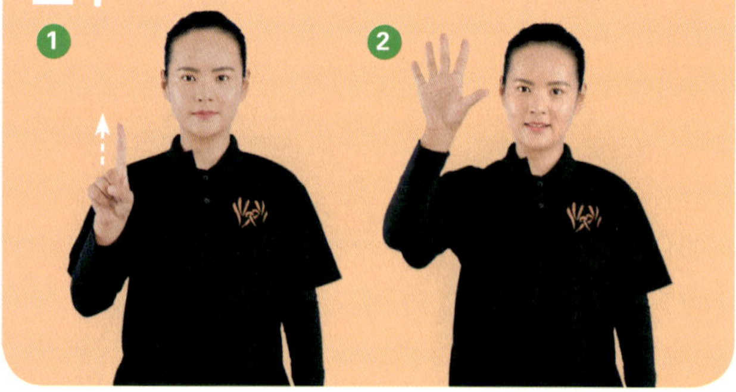

约会

①双手交替互拍。
②双手伸拇指、小指，指尖相对，从两侧向中间移动。

有

下午

一手伸食指，指尖朝下，然后边向下移动边张开五指。

可以吗？

第七句：可以，就定下午 2 点吧。

手语：可以，\ 下午 \2 点 \ 定。

可以

第八句：明天中午 12 点整，我们在人民公园北门见面，不见不散。

手语：明天 \12 点整，\ 我们 \ 在 \ 人民公园 \ 北门 \ 见面，\ 不见 \ 不散。

12 点整

我们

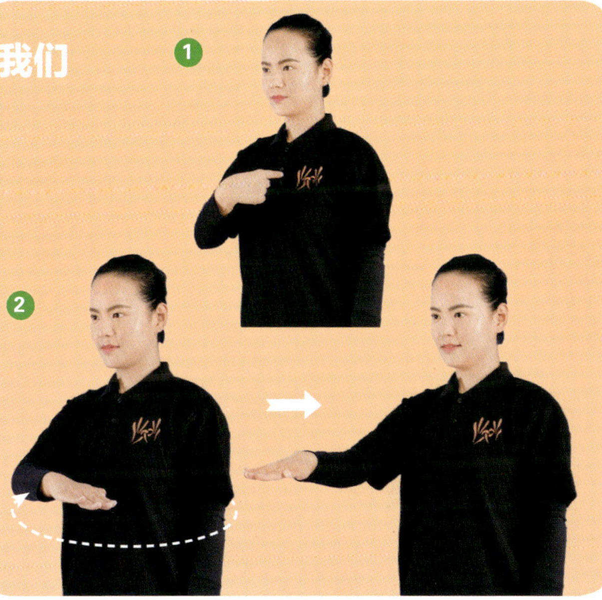

在

人民公园

①人民：双手食指搭成“人”字形，并顺时针平行转一圈。
②公园。

北门

见面

双手食、中指微曲，指尖相对，从两侧向中间移动。

不见

不散

①不。
②散：双手虚握，虎口左右相抵，边向两侧斜下方移动边放开五指。

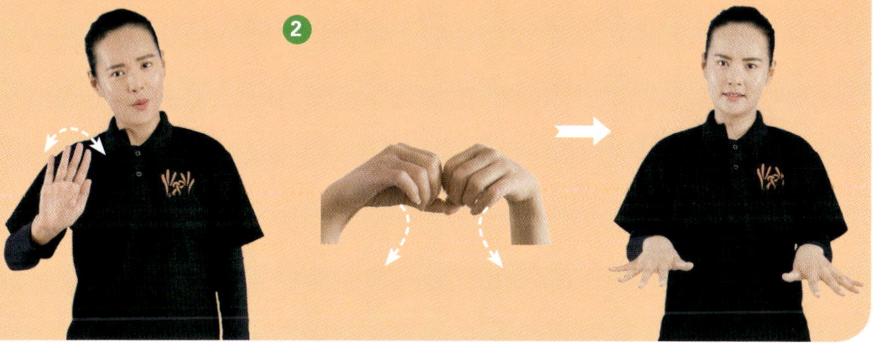

第九句：9 点开会，不要忘了，要按时参加。

手语：9 点 \ 开会，\ 按时 \ 参加，\ 忘 \ 不。

9 点

开会

双手直立，掌心分别向左右斜前方，食指、中指、无名指、小指弯动两下。

第十句：明天早上 9 点，在残联会议室开手语研讨会，记住把《手语入门》带来。

手语：明天＼早上9点，＼在＼残联＼会议室＼开会＼手语研讨，＼《手语入门》书＼带来，＼记住。

早上

9点

在

残联

会议室

开会

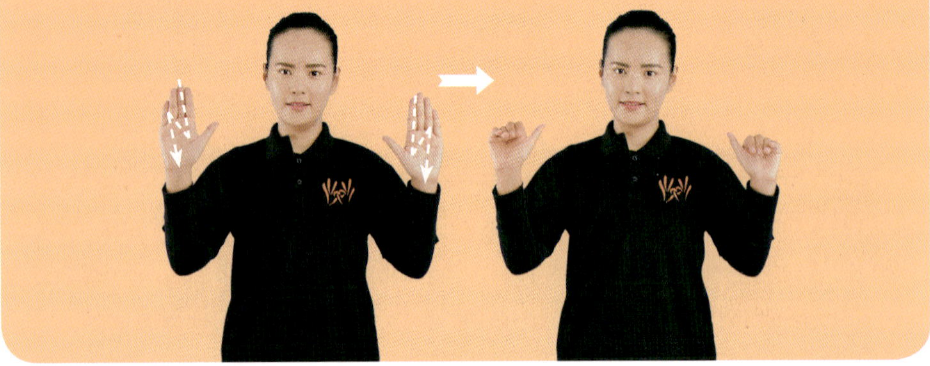

手语研讨

《手语入门》书

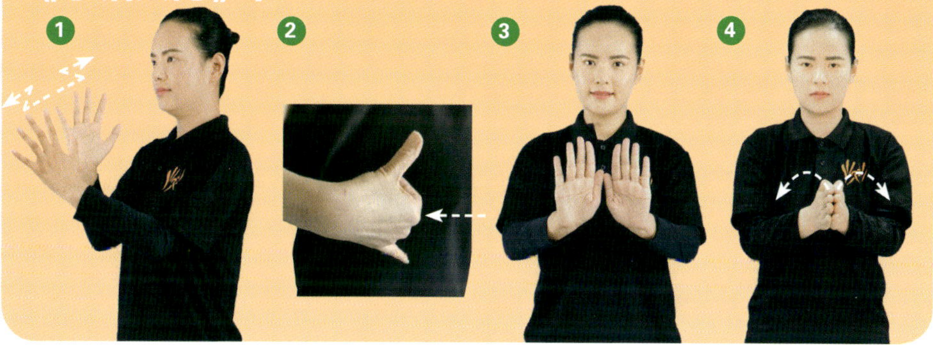

带来

记住

一手打手指字母“J”的指示，碰两下前额。

知识链接

手势语人名的打法：

（1）直接用手势表示，如本课中的“杨林”“晓华”。

（2）有的人名不便于用手势表示，就取其人特点，如其人眼睛大就叫“大眼”，鼻子大就叫“大鼻子”等。称呼取人特点，对聋人来说并无取绰号之意。称呼伟人也是如此，如马克思，是双手仿“大胡子”状。当聋人按照你的特点称呼你的时候，绝无不敬之意。

（3）取其姓名中的手指字母或手指字母加手势。如“何梓”，用手指字母“HZ”表示；“葛小兵”，用手指字母“G”和手势“小兵”表示。

第二十八课　通信 联系

本课学习有关“通信”“联系”方面的 10 个句子。

第一句：手机卡在哪里买？

手语：手机卡 \ 哪里 \ 买？

手机卡

1

2

哪里

买

第二句：带着身份证到 8 号窗口去买。

手语：带 \ 身份证 \8 号 \ 窗口 \ 买。

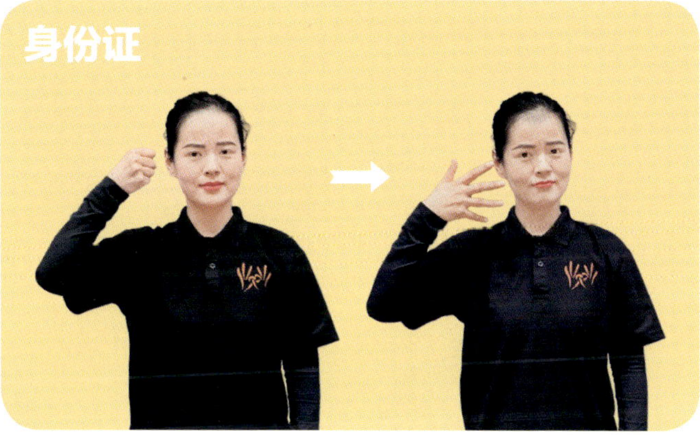

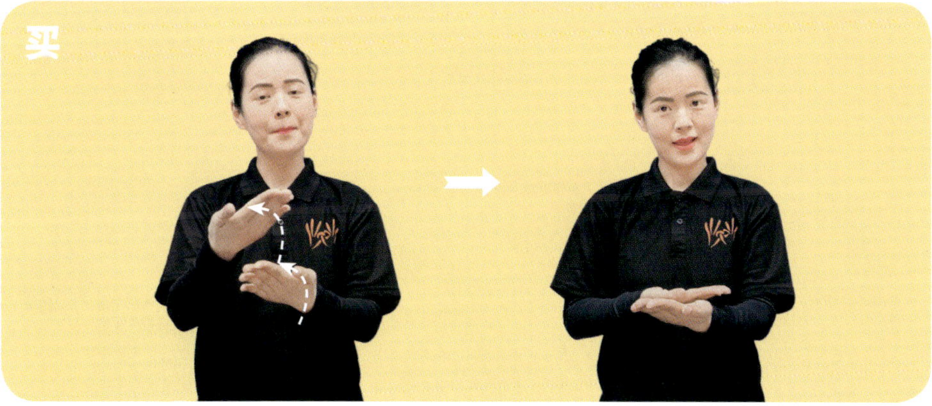

第三句：请填写“客户业务受理单”和“客户入网服务协议”。

手语：请＼填写。

可根据实际情况指一下“客户业务受理单”和“客户入网服务协议”，打一个“填写”的手势即可。

第四句：预存 100 元话费。

手语：预存＼100（元）＼话费。

100(元)

话费

①话：同“打电话”的手势。
②费：同“钱”的手势。

第五句：请你选个手机号。

手语：手机＼号＼选＼请。

手机

号

选

左手直立，掌心朝内，五指分开；右手拇指、食指边捏一下左手食指、中指边向上移动。

请

第六句：话费用完以前要早充值，以免欠费停机影响你使用。

手语：话费＼用完＼前，＼要＼早＼充值，＼以免＼欠费＼停机＼影响＼使用。

话费

用完

①用：左手五指成“⊐”形，虎口朝上；右手五指撮合，指尖朝下，从左手虎口内抽出。
②完：同“结束”的手势。

前

双手直立，手背前后相贴，左手在前不动，右手向后移动。

要

早

一手横立，食指、中指、无名指、小指并拢，在颏部从左向右抚摸一下。

充值

①充：同“预存”的手势②。
②值：同“钱”的手势。

1

2

以免

双手直立，掌心向外推。

欠费

①费（用）：同“充值”的手势②。
②欠（债）：右手拇指与食指相捏，其他三指自然伸开，虎口朝内，边碰向胸口边张开拇、食指。

1

2

停机

①停：左手横伸，掌心朝下；右手直立，掌心朝左，指尖抵于左手掌心。
②机：双手五指弯曲，食指、中指、无名指、小指关节交替相触，并转动几下，如机器齿轮转动。

1

2

影响

双手五指撮合，指尖左右相对，边从两侧向中间移动边张开。

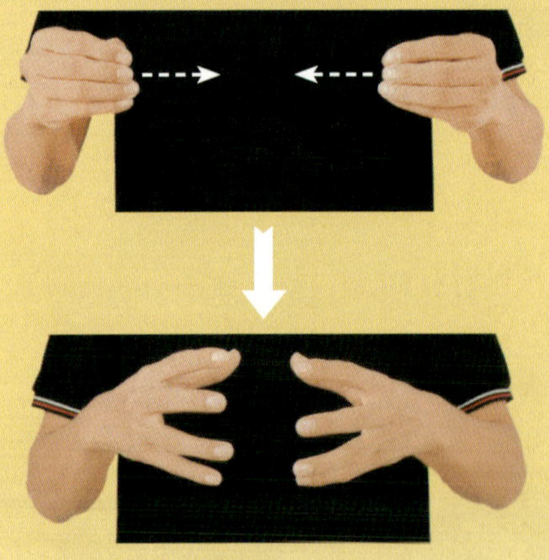

使用

右手五指弯曲，掌心朝内，指尖抵于腹部右侧。

第七句：你除了发短信还有什么联系方式？

手语：你＼联系＼方式＼发短信＼有，＼还有＼什么？

你

联系

方式

①方：双手拇指、食指搭成方形。
②式：一手拇指、食指张开，指尖朝前，向一侧移动一下。

发短信

有

还有

①还：同“再”的手势。
②有。

什么？

第八句：我经常上网，用电子邮箱、QQ、微信和别人联系，也视频聊天。

手语：我\经常\上网，\用\电子邮箱、\QQ、\微信\和\别人\联系，\也\视频聊天。

我

经常

上网

①上：一手伸食指向上一指。
②网：双手五指分开，交叉相叠，手背朝外，然后向斜下方微移一下。

用

电子邮箱

左手五指成“⊐”形，虎口朝内；右手横伸，掌心朝下，从左手虎口中部向前划动两下。

QQ

左手拇、食指捏成圆形，虎口朝内；右手食指斜伸，碰两下左手食指背，仿字母“Q”的形状。不要打成手指字母“Q”。

微信

和

别人

联系

也

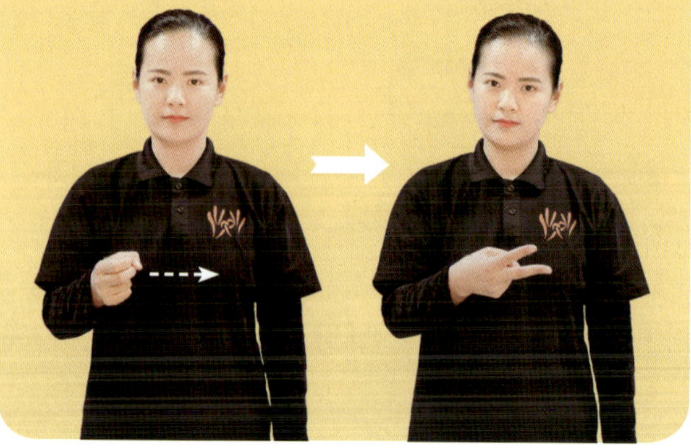

视频聊天

①视频：双手伸拇指、食指、中指，食指、中指并拢，指尖前后相对。
②聊天：双手直立，掌心相对，前后交替移动几下，象征打手势交谈。

1

2

第九句：请告诉我你的地址和邮编好吗？

手语：你 \ 地址、\ 邮编 \ 告诉我 \ 可以吗？

你

地址

①一手伸食指，指尖朝下一指。
②双手拇指、食指张开，指尖相对，虎口朝内，从中间向两侧拉开。

1

2

邮编

①邮：同“寄”的手势。
②编：同“手机号”的手势②。

告诉我

可以吗？

第十句：我的名片上有电子邮箱账号、QQ 和微信号。

手语：我 \ 名片 \ 电子邮箱号、\QQ 号、\ 微信号 \ 有。

知识链接

手语会话时，根据语境和环境用指点可省略很多手势。如第二十三课的“填写包裹单”，只指一下包裹单再打个“填写”的手势即可；本课第三句“请填写‘客户业务受理单’和‘客户入网服务协议’”，只指一下“客户业务受理单”和“客户入网服务协议”，打个“填写”的手势即可，简单且明了，省掉了很多手势。“指点”是视觉语言的一个重要特点。手势语就是从简单的指点和形象的模仿开始而逐渐发展起来的。

第二十九课　招聘 应聘

本课学习有关“招聘”“应聘”方面的 11 个句子。

第一句：星期五有个招聘会，你喜欢去看看吗？

手语：招聘会 \ 星期五 \ 有，\ 去看看 \ 喜欢吗？

招聘会

①招：两手掌心向下，向内挥动两下。
②聘：左手平伸；右手伸拇指，置于左手掌心上，双手同时向内移动。
③会：同“协会”的手势②。

1

2

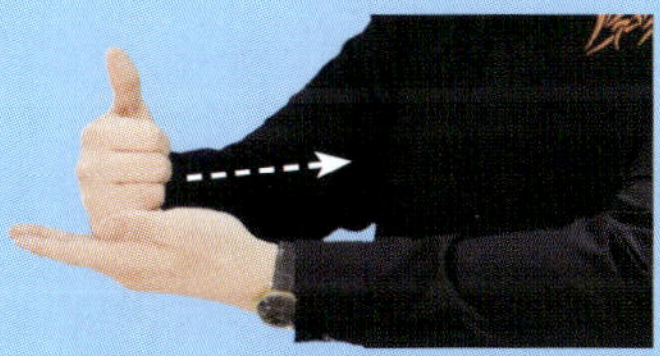

3

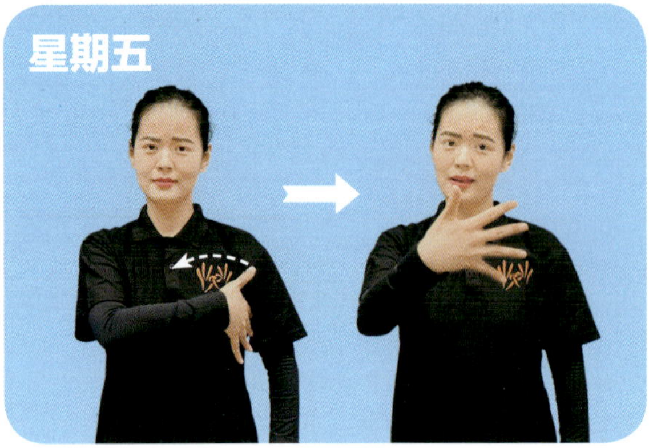

星期五

有

去看看

喜欢吗？

第二句：好的，在什么地方？

手语：好，\ 在 \ 什么 \ 地方？

该句也可打成“在 \ 哪里？”

好

在

什么

地方

同“地址”的手势。

第三句：在市残疾人劳动就业管理服务中心职业介绍大厅。

手语: 在 \ 市 \ 残疾人 \ 劳动 \ 就业 \ 管理 \ 服务 \ 中心 \ 职业 \ 介绍 \ 大厅。

在

市

残疾人

劳动

双手握拳，先以左拳捶右臂，再以右拳捶左臂。

就业

①就：左手横伸；右手打“9”的手势，移至左手掌心。
②业：左手食指、中指、无名指、小指直立并分开，掌心朝内；右手食指横于左手四指根部，仿“业”字形。

1

2

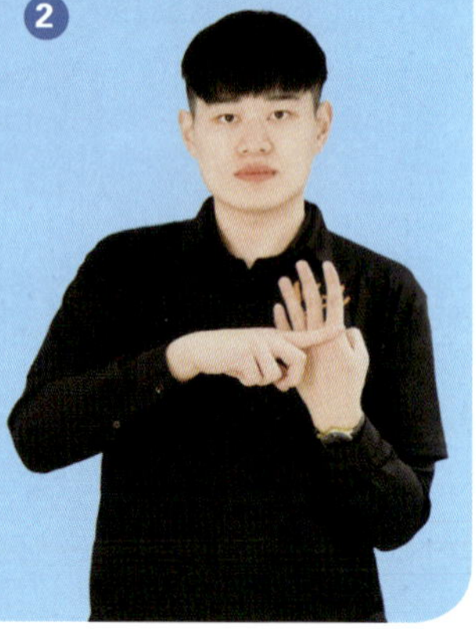

管理

①右手五指微曲，指尖朝内，按于左肩。
②双手侧立，掌心相对，一顿一顿地向一侧移动两下。

1

2

服务

中心

①中：左手拇指、食指指尖相捏与右手食指搭成“中”字形。
②心：双手拇指、食指搭成心形，贴于胸部。

1
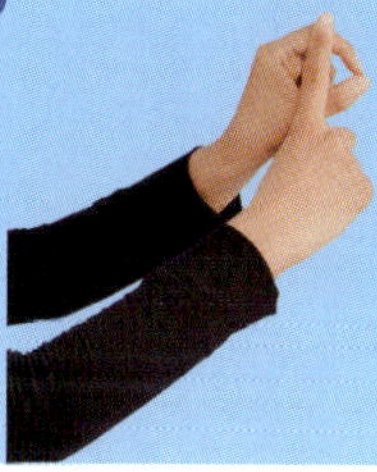

2

职业

①职：一手打手指字母“ZH”的指式，贴于左胸部。
②业：同“就业”的手势②。

1
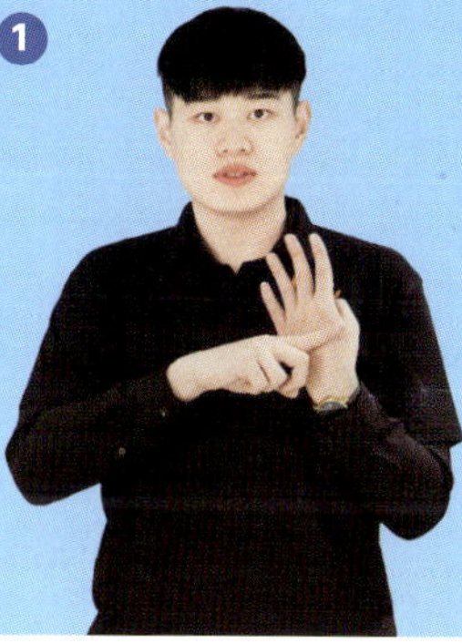

2
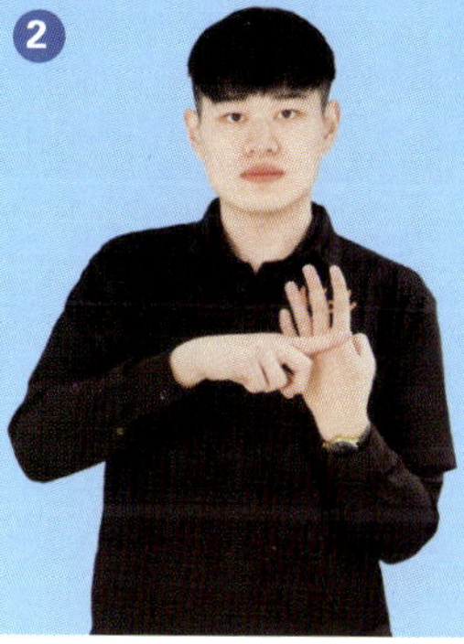

介绍

左手拇指、食指与右手食指、中指搭成“介”字形，向前移动一下。

大厅

1

2
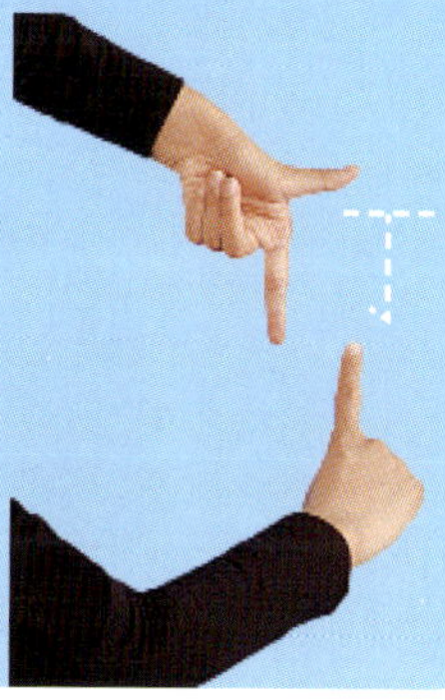

第四句：你好！你想找什么工作？

手语：你好！\想\找\什么\工作？

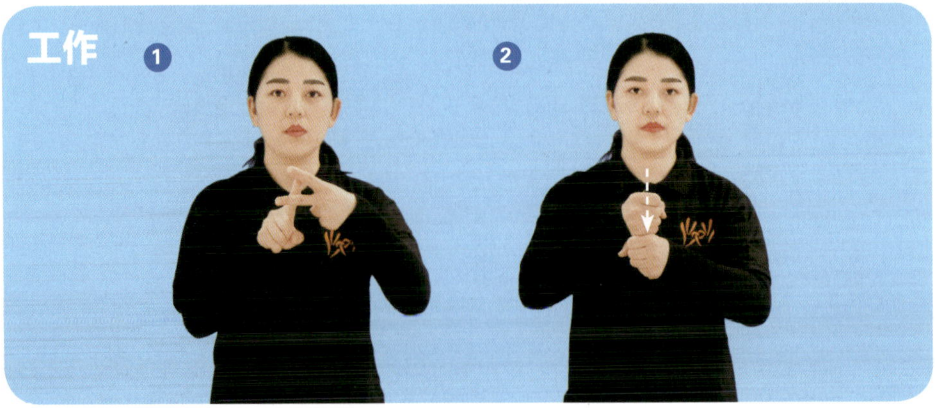

第五句：我想找个技术工作。

手语：我 \ 想 \ 技术 \ 工作。

我

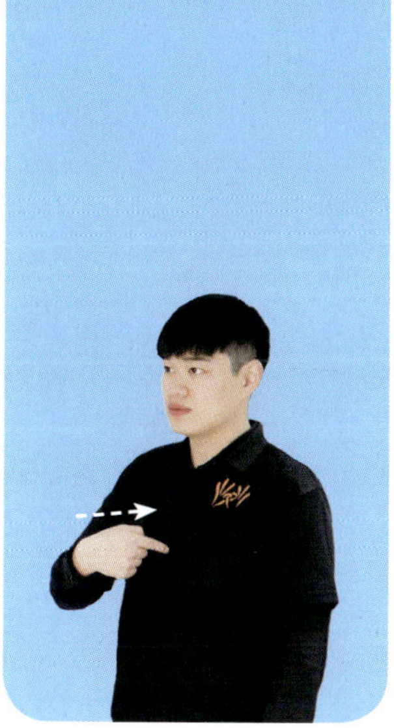

想

技术

双手横伸，掌心朝下，互拍手背。

工作

第六句：今天来招聘的单位很多，工作也不少，你可以先看一看哪个单位哪个工作适合你。

手语：今天＼招聘＼单位＼多，＼工作＼多，＼你＼先＼看看＼哪个＼单位＼哪个＼工作＼适合。

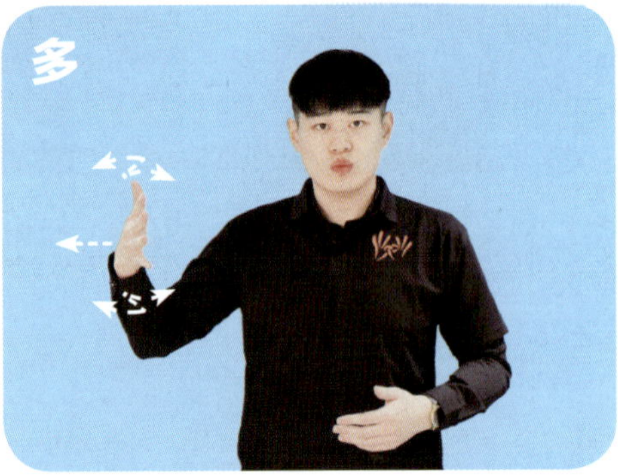

多

你

先

看看

哪个

单位

哪个

工作

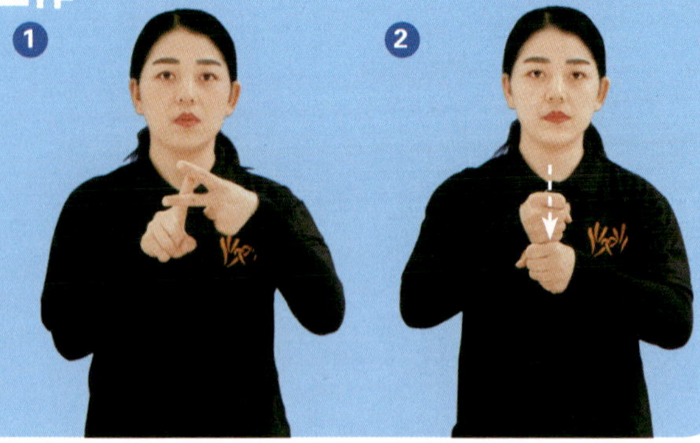

适合

双手横伸，五指张开，掌心向内，边向下转动边食指、中指、无名指、小指握拳。

“适合”的另一种打法：双手横立，从两侧向中间移动至双手重叠。

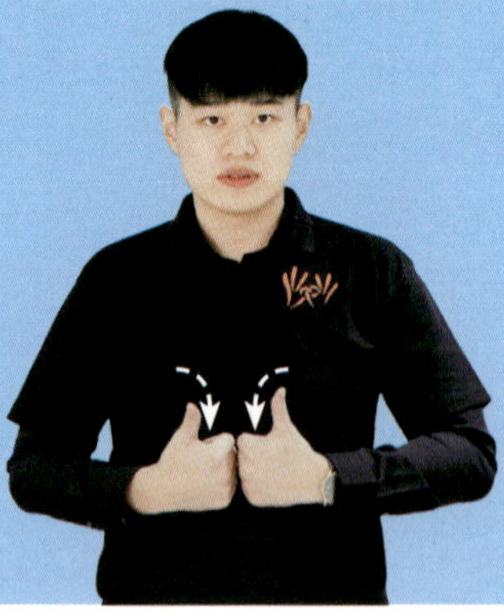

第七句：我想应聘这个单位。

手语：这个 \ 单位 \ 我 \ 应聘。

这个

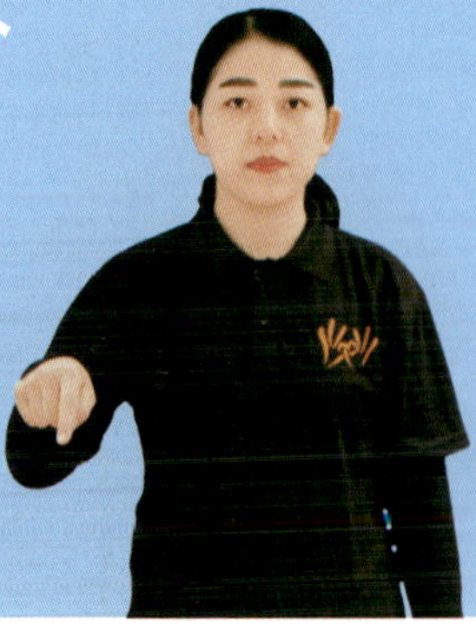

单位

我

应聘

①应：双手平伸，掌心朝上，自外向内边移动边握拳。
②聘：同“招聘会”的手势②。

第八句：月工资多少？

手语：工资＼月＼多少？

工资

月

多少？

第九句：有“五险一金”吗？

手语：“五险一金”\有？

五险一金

①五：伸出五指，打数字“五”的手势。
②险：一手五指微曲，掌心朝内，拍两下胸部。
③一：一手伸食指，打数字“一”的手势。
④金：双手伸拇指、食指、中指，食指、中指并拢，交叉相搭，右手中指蹭两下左手食指。

1

2

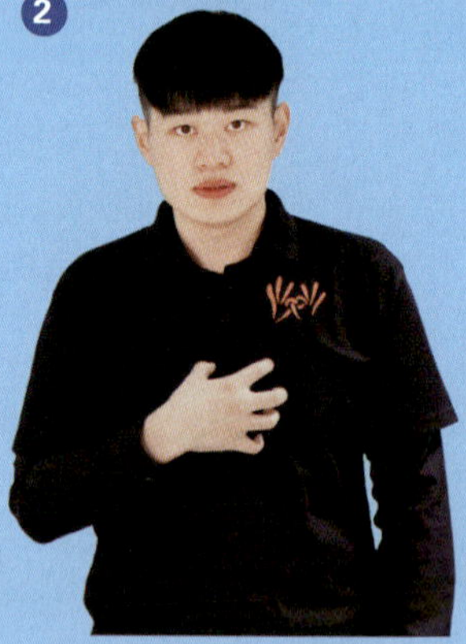

3

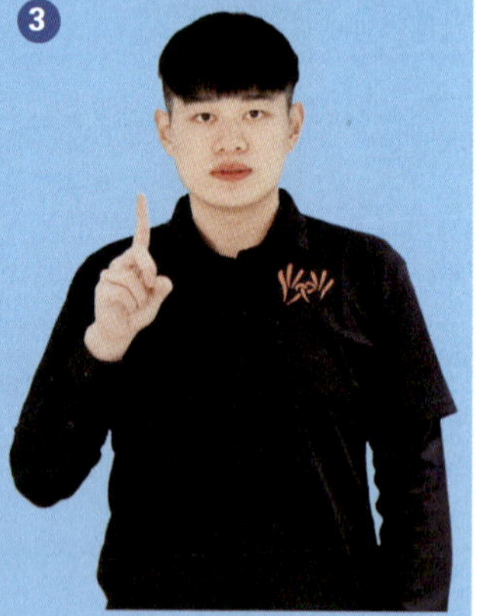

4

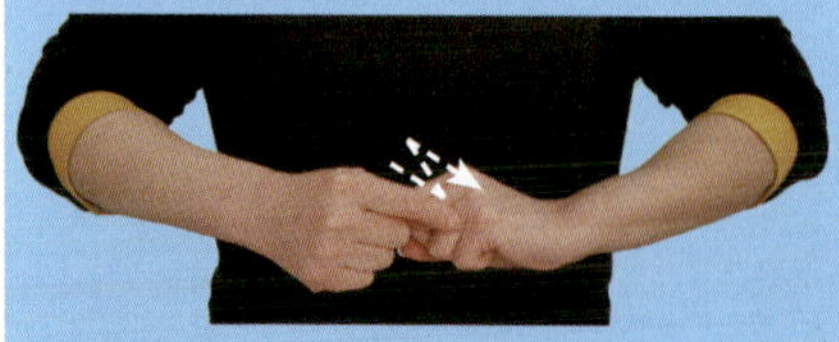

有？

第十句：你先填个表吧，等几天就通知你。

手语：先 \ 填表，\ 等 \ 几天 \ 通知。

先

填表

①双手五指张开，一横一竖搭成方格形，然后左手不动，右手向下移。
②左手横伸；右手如执笔状，在左手掌心上做写字的动作。
“填个表”不能打成“填 + 个 + 表”，只打“填表”。如果要强调“只填一个表”，打“填表 / 一”。

等

几天

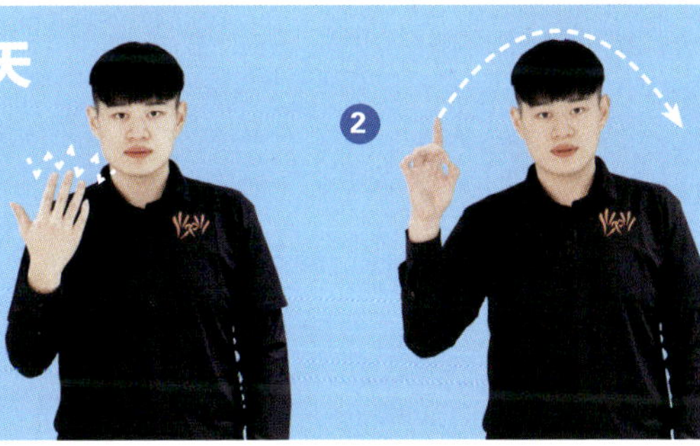

通知

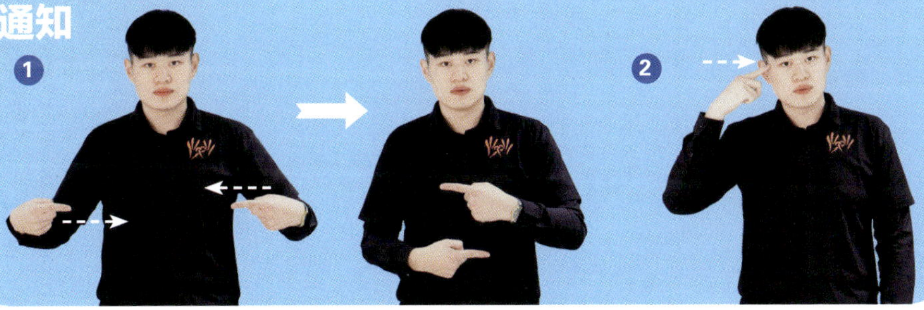

第十一句：好，谢谢！

手语：好，\ 谢谢！

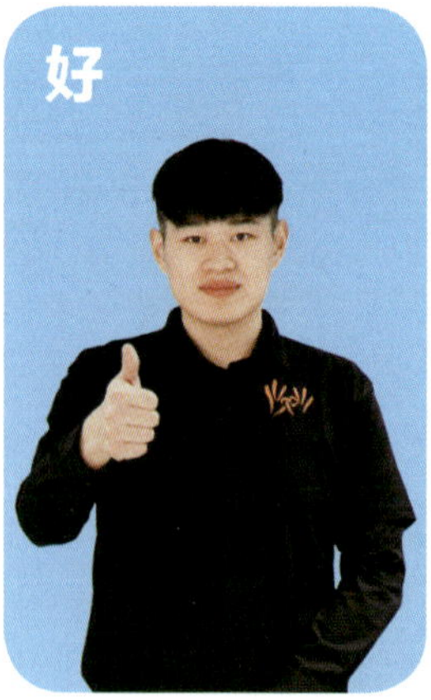

知识链接

有些手势打法相同而意思不同，这叫“一形多义”，如“技术、办”“什么、哪里、谁”的打法一样，但意思不同。这类手势在会话中主要是靠语境和环境来辨别。就如汉语中的“行”，既是“银行”的“行”，也是“行走”的“行”。

第三十课　无障碍

本课学习有关“无障碍”方面的 10 个句子。

第一句：聋人交流和获得信息的困难很大。

手语：交流 \ 获得 \ 信息 \ 聋人 \ 困难 \ 很大。

交流

双手五指撮合，指尖左右相对，掌心朝上，左右平行交替转动。

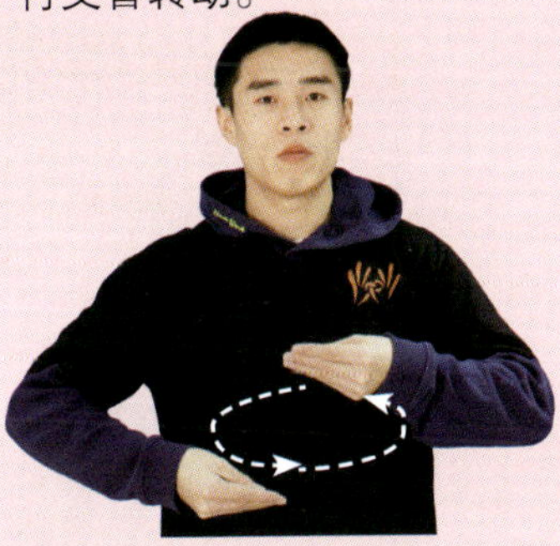

获得

信息（消息）

左手五指撮合，指尖抵于左耳；右手五指张开，掌心向外，然后左手向左移动并张开五指，掌心向外，同时右手向右耳移动并撮合，指尖抵于右耳，双手重复一次。

“信息”的另一种打法：一手五指撮合，指尖朝向耳部，然后五指放开。

聋人

困难

很大

第二句：社会文明的进步，科技水平的提高，正在减少这些困难。

手语：社会 \ 文明 \ 进步，\ 科技 \ 水平 \ 提高，\ 困难 \ 减少。

社会

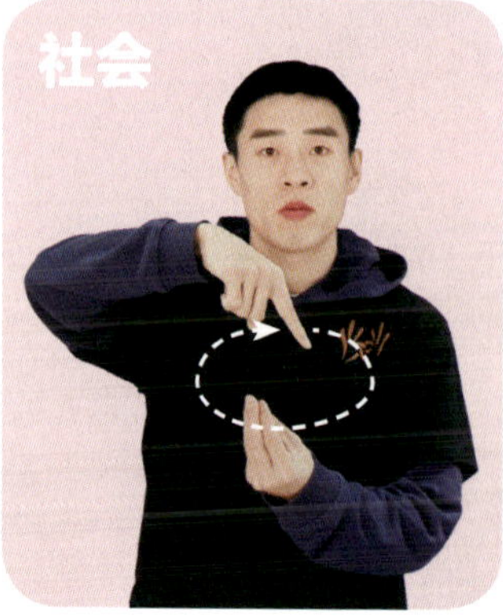

文明

进步

科技

水平

①水：一手食指指一下嘴唇。
②平：左手横伸；右手平伸，掌心朝下，从左手手背上向右移动一下。

提高

①提：左手食指直立；右手拇指、食指、中指捏住食指指尖，向上一提。
②高：一手横伸，掌心朝下，向上移过头顶。

困难

减少

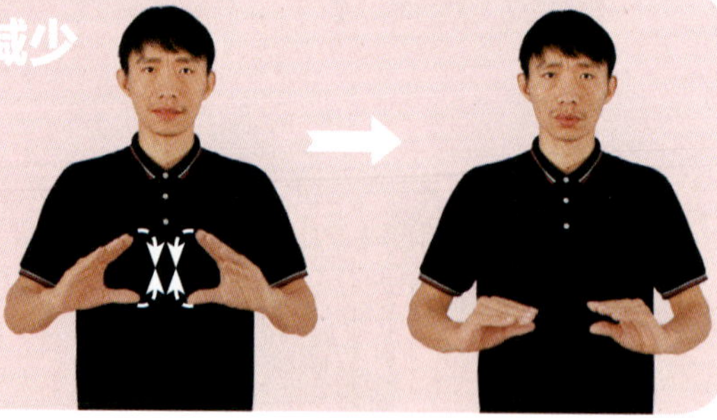

第三句：过去看电视只看到人的嘴动，不知道说的什么。

手语：过去＼看＼电视＼人＼嘴动，＼说＼什么＼不知道。

过去

一手直立，掌心向后，
向肩后挥动一下。

看

电视

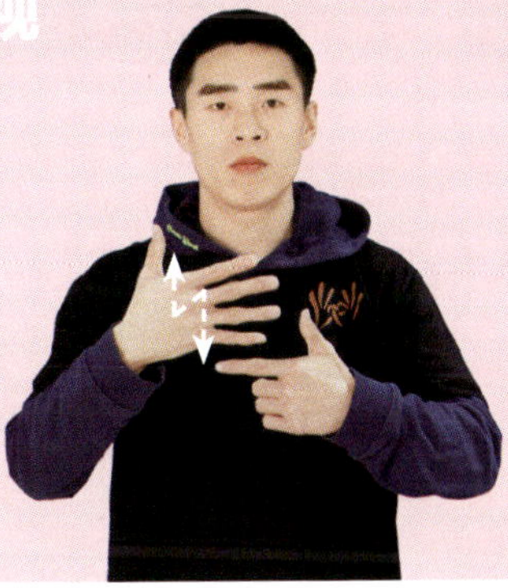

人

嘴动

①一手伸食指，沿口部转动一圈。
②嘴张合两下。

说

一手食指横伸，在嘴前转动两下。

什么

不知道

一手横立，食指、中指、无名指、小指并拢，掌心在前额上从一侧向另一侧移动。

第四句：电视加了字幕，解决了这个问题。

手语：电视＼加＼字幕，＼问题＼解决。

电视

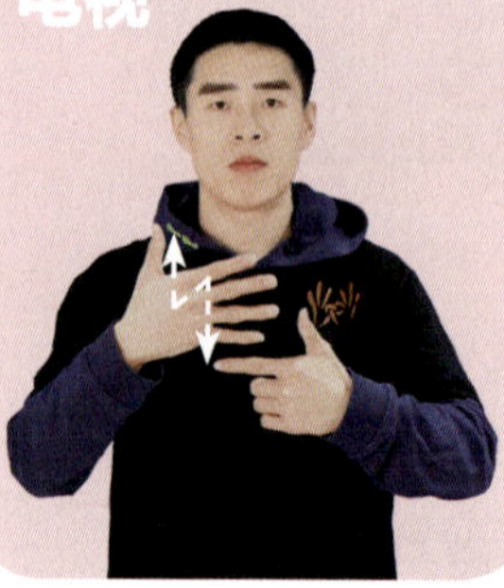

加

左手侧立；右手拇指、食指捏成圆形，虎口贴向左手掌心。

字幕

左手横立，五指张开，掌心向内；右手打手指字母“Z”的指式，在左手下从左向右移动一下。

问题

解决

双手五指撮合，指尖朝下，手背相对，边向两侧移动边放开五指。

第五句：过去，聋人有事，只能见面才能手语交谈。

手语：过去＼聋人＼有事，＼见面＼才能＼手语交流。

过去

聋人

聋人习惯以“手语”的手势表示“谈话、交谈、交流”等。

第六句：有了手机短信、微信和视频，聋人不见面也能交流了，也方便了与健听人的联系。

手语：手机 \ 短信、\ 微信、\ 视频 \ 有，\ 聋人 \ 见面 \ 没有 \ 交流 \ 可以，\ 和 \ 健听人 \ 联系 \ 也 \ 方便。

手机

短信

微信

视频

有

聋人

见面

没有

交流

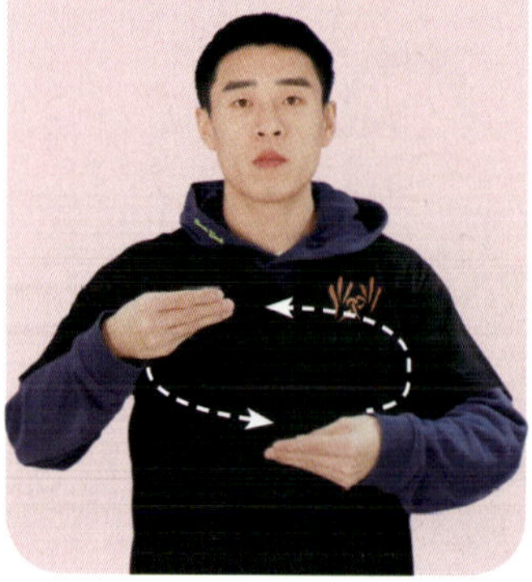

可以

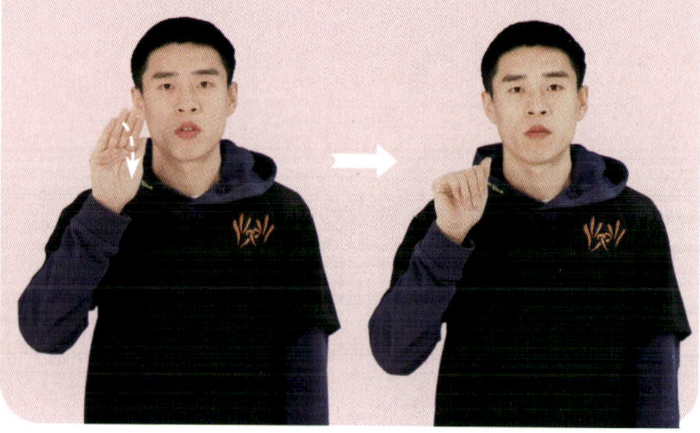

和

健听人

联系

也

方便

第七句：网上新闻、网上银行，网上读书看报、查信息、看电影、购物等等，为聋人提供了极大的方便。

手语：网上＼新闻、＼银行、＼读书、＼看报、＼查＼信息、＼看电影、＼购物，＼聋人＼方便。

网上

新闻

①新：左手横伸，掌心朝下；右手伸拇指，在左手手背上从左向右划出。
②闻：左手五指撮合，指尖抵于左耳；右手五指张开，掌心向外，然后左手向左移动并张开五指，掌心向外，同时右手向右耳移动并撮合，指尖抵于右耳，双手重复一次。“闻”也可打成：一手五指撮合，指尖朝向耳部，然后五指放开。

1
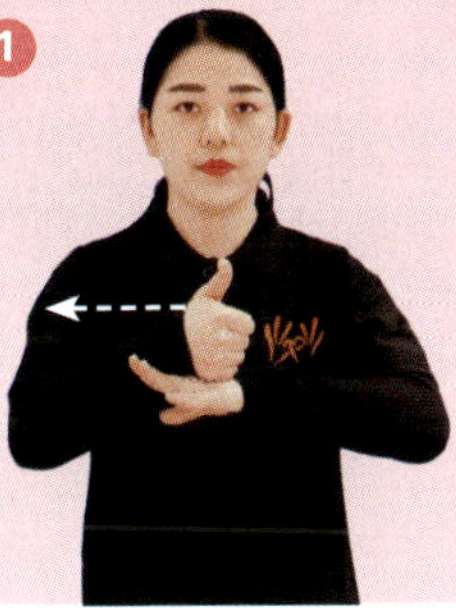

2

银行

双手拇指、食指搭成圆形，指尖稍分开，虎口朝上，食指上下交替互碰两下。

读书

双手斜伸，掌心朝内，置于胸前，如读书状。

看报

1

2
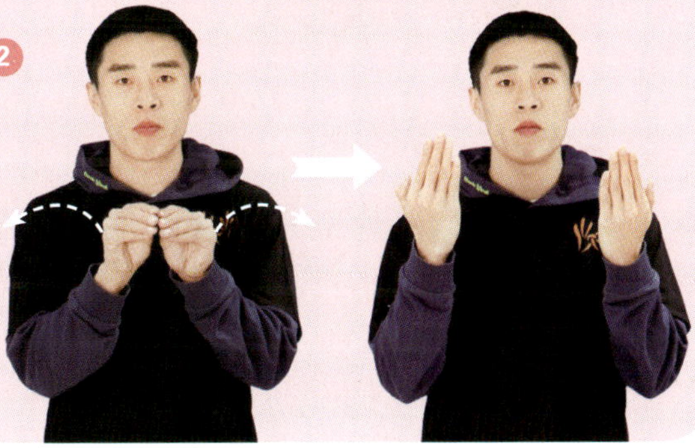

查

双手拇指、食指、中指相捏，指尖朝下，在胸前上下交替动几下。

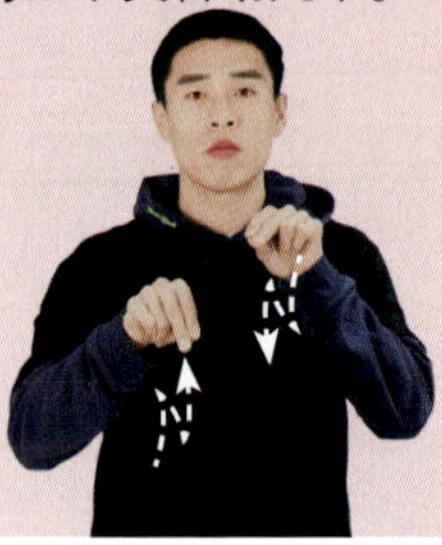

信息

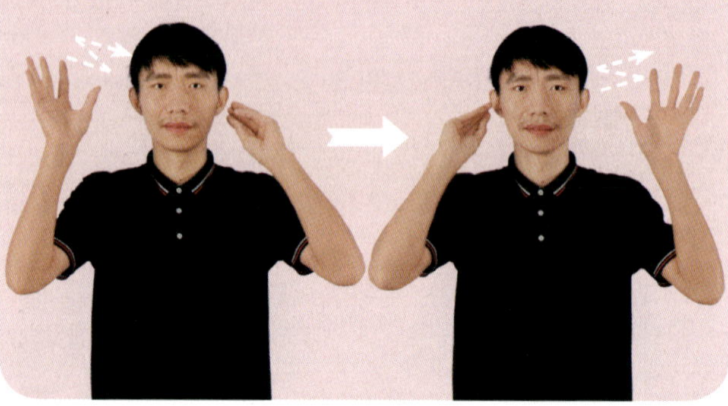

看电影

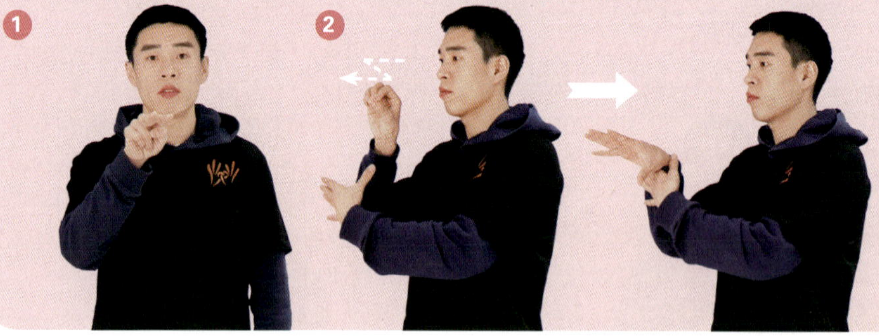

购物

①购：双手横伸，掌心朝上，右手手背在左手掌心上拍一下，然后向里移动。
②物：同“东西”的手势。

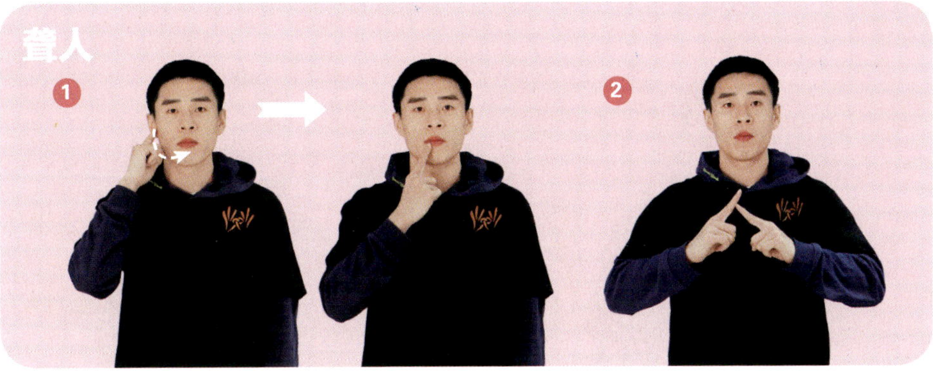

第八句：学手语的健听人越来越多，为聋人参与社会创造了条件。

手语: 健听人＼学＼手语＼越来越多,＼为＼聋人＼参与＼社会＼创造＼条件。

学

手语

越来越多

双手居中，拇指、食指相捏，然后双手边同时从中间向两侧移动边拇指、食指张开。

为

聋人

参与

社会

创造

①一手握拳，虎口贴于太阳穴处，然后边向前移动边张开五指。
②双手握拳，一上一下，上拳砸一下下拳。

条件

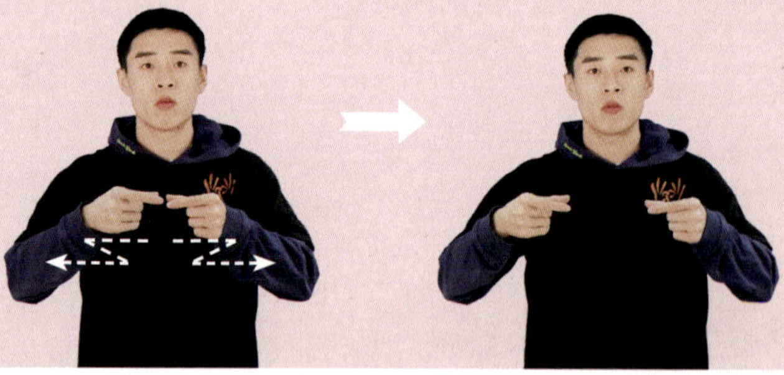

第九句：全社会理解、尊重、关心、帮助残疾人的单位和个人不断增加，聋人的困难将越来越少。

手语：全\社会\理解、\尊重、\关心、\帮助\残疾人\单位、\个人\增加\，聋人\困难\越来越少。

全

社会

理解（领会）

①一手拇指、食指弯曲，指尖朝内，抵于颏部。
②双手五指撮合，指尖朝下，手背相对，分别向两侧扒动一下。

尊重

左手横伸；右手伸拇指，置于左手掌心上，左手向上一抬。

关心

帮助

残疾人

单位

个人

增加

聋人

困难

越来越少

双手在两侧，拇指、食指张开，然后双手边同时从两侧向中间移动边拇指、食指相捏。

第十句：学手语，用手语，创造无障碍交流的环境，建设和谐稳定的社会。

手语： 学＼手语，＼用＼手语，＼创造＼交流＼环境＼无障碍，＼建设＼和谐＼稳定＼社会。

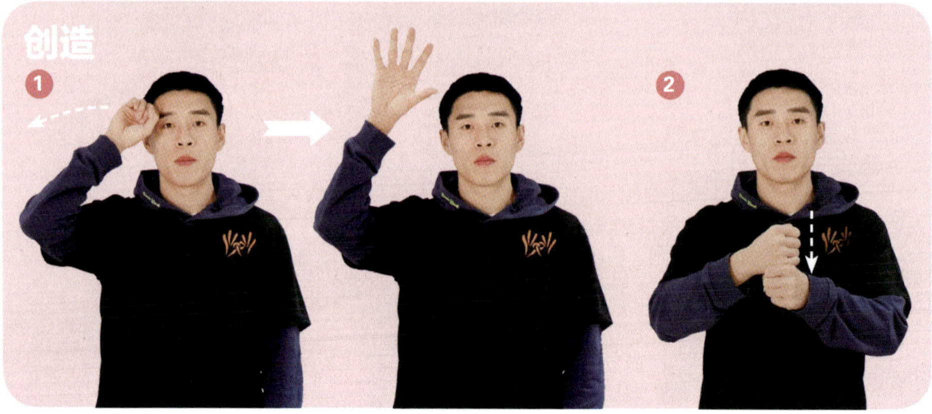

交流

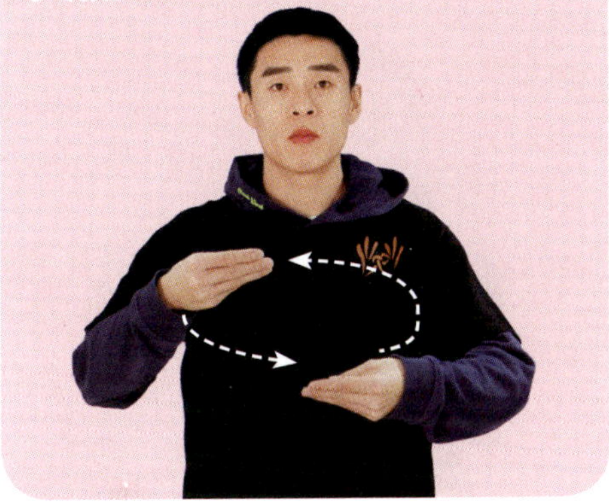

环境

无障碍

①无：同“没有”的手势。
②障碍：左手侧立；右手横立，然后移至左手并停住。

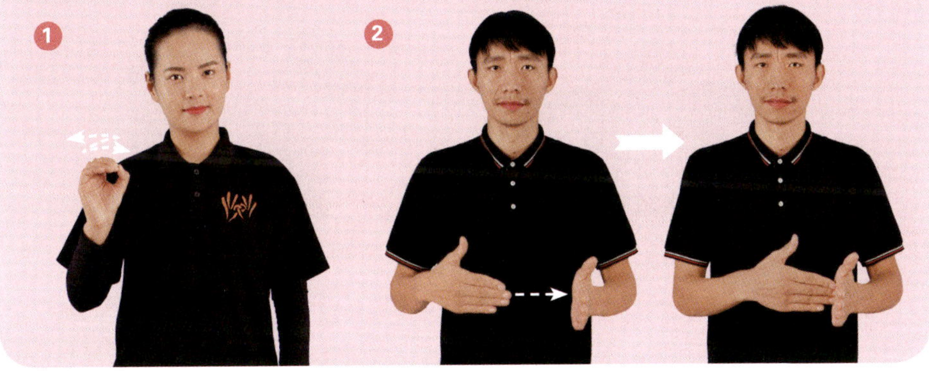

建设

和谐

1

2

稳定

左手横伸；右手五指弯曲分开，指尖朝下，按于左手掌心。

社会

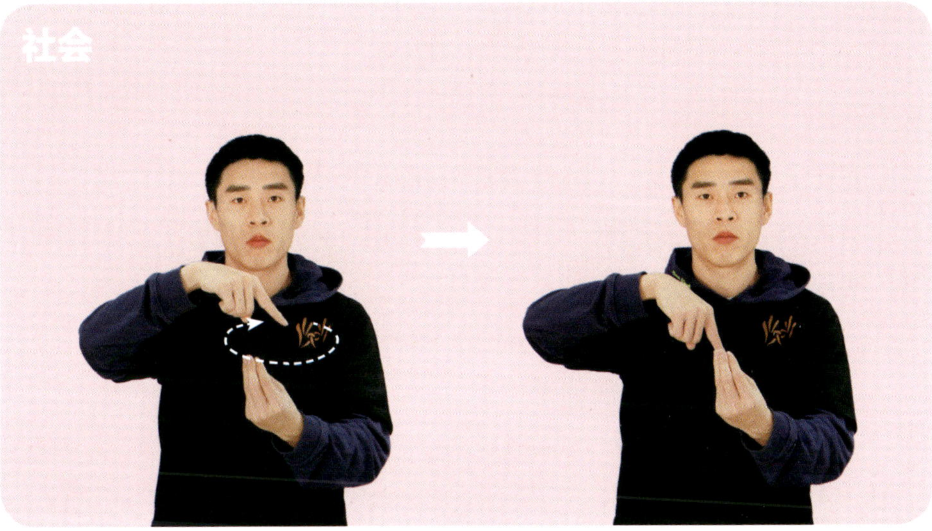

后 记

认真学完本书以后，可以说你的手语已经入门了，但要精通还要下一番苦功夫。掌握任何一种语言都不是轻而易举的事。要想精通手语，建议你：

一、不要满足于已学会的知识，要精益求精，每个手势都不要打错、打别，更不要任意独创手势。

二、认真观看本教材的视频文件。

三、认真学习《国家通用手语常用词表》《国家通用手语词典》。

四、碰到不会打，本教材又没介绍过的手势，要向聋人学习。遇到聋人有不规范的手势或滥用手指字母的手势时也要注意纠正。

五、在实践中学习是最好的学习方法，深入聋人群体中与他们交流，可以学习更多的手势，从而学好手语语法规律。

张　珺

2021 年 4 月